追悼　遺稿集

# 色定法師と源平の争乱

## 田村圓澄

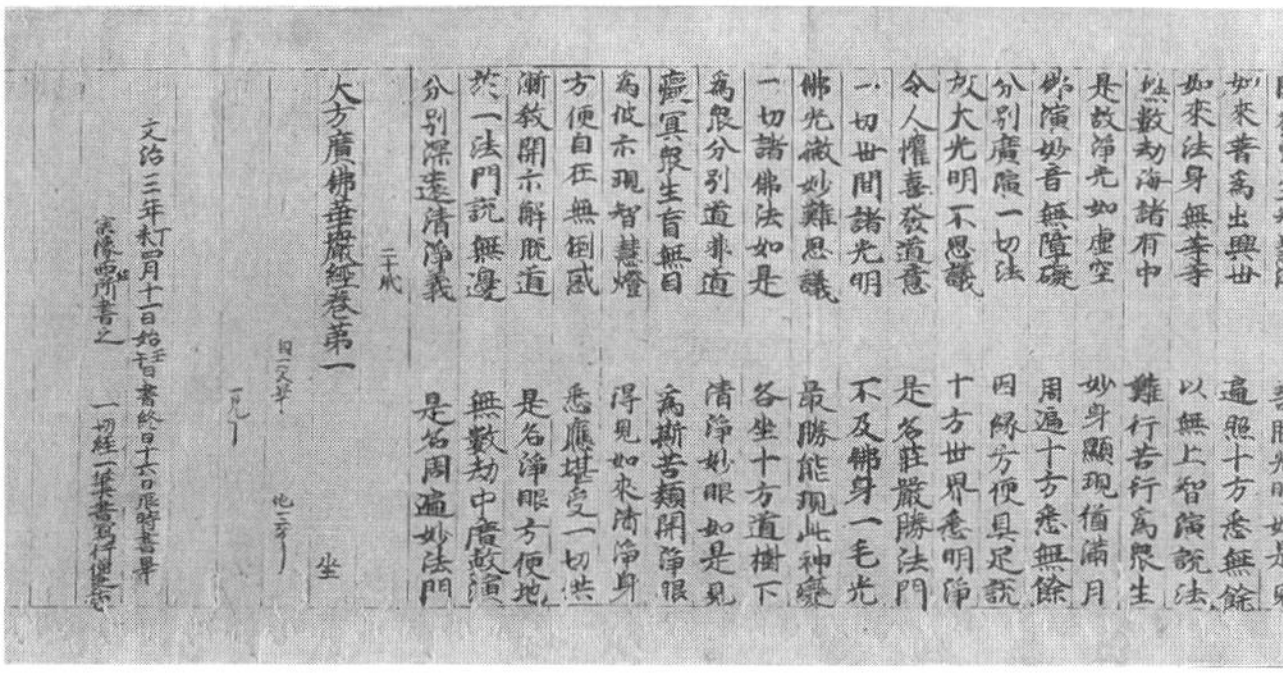

海鳥社

本扉写真・色定法師一切経（部分、興聖寺所蔵、管理団体宗像大社保管、藤本健八撮影）

# 刊行に寄せて

西日本新聞社代表取締役社長　川崎隆生

田村圓澄先生が逝かれて早いもので一年二カ月になりました。ご専門である仏教史の枠を超え、東アジアと地域の政治、経済、文化など幅広い分野について独自の説を熱く語り、それを裏付ける研究を重ねられた功績は、私たちの誇りであります。そしていま、九十六年の生涯の締めくくりとして「色定法師と源平の争乱」を上梓されました。刊行を心から喜び、ご遺族をはじめ関係者の方々のご努力に深く敬意を表するものであります。

先生は一九八三（昭和五十八）年に西日本文化賞を受賞されました。その縁もあって、一文を書かせていただくことになりました。浅学かつ門外漢であることも省みず、この作品について思ったままを記させていただき、先生への感謝の気持ちを次世代に引き継ぎたいと思います。

まず感じたのが、神話世界から平安、鎌倉時代へとつながる地域史のダイナミズムでした。舞台は宗像大社、志賀海神社、博多住吉神社、壇ノ浦、宮島厳島神社、そして東大寺へと広がります。主役は天照大神、宗像の三女神、綿津見三神から律令国家を構築した天武天皇、平清盛、安徳天皇へと引き継がれます。

地域の神々を崇め、仏教文化を担う信者たちの息遣いが伝わる絵巻物のような世界です。その舞台の陰から通奏低音として聞こえてくるのが「祇園精舎の鐘の声　諸行無常の響きあり……」。地域と結び付いた記紀伝説から平家物語への連鎖にワクワクさせられます。

次に挙げたいのが、謎解きの面白さです。色定法師がなぜ、五千四十八巻もの一切経を四十二年もかけて写経したのか。一気に読めたのは、ミステリー仕立てだったからかもしれません。

謎解きの基本は動機の解明です。四十年ほど前、駆けだしの事件記者だった私は、刑事さんたちから「動機さえ分かれば捜査は終わったも同然だ」と繰り返し教わりました。動機解明は「地取り」捜査から始まります。被害者、被疑者周辺の徹底した聞き込みです。それをもとに「5W1H」(いつ、どこで、誰が、何を、なぜ、どのようにの英語の頭文字)に沿って、刑事は調書を、記者は記事を組み立てます。先生には刑事や記者の経験はないはずですが、地取りと5W1Hの原則を踏まえて論を立てられました。その結果、明らかになった答えは、作品のタイトル「色定法師と源平の争乱」に示唆されていると、私は推理します。

三つ目に取り上げたいのが、東アジアに対する先生の特別な思いです。九十六歳まで生涯一学者を貫いたエネルギーの源がアジアにあると思いました。

前作「『夜明け前』の日本と朝鮮・中国」もそうでした。この作品でも日宋貿易の拠点となった福岡市今宿と中国・杭州、宗像社大宮司の妻、博多の大唐街の賑わい、茶文化の栄西と承天寺、東大寺の大仏と大仏殿修復に貢献した重源、陳和卿など地域と東アジアの関わりを次々に示されて、解説されています。

明治以降の不幸なアジア史を背負う私たちが、中国、韓国との真の一衣帯水をいつになったら実現できるのか。繰り返される苛立ちのなかにあっても先生は「歴史を丹念にひも解き、国家、民族の違いを理解しながら、東アジアとのアイデンティティー（一体感）を高めることが未来への道になる」と言われています。これがラスト・メッセージだと、私は受け止めました。

最後に、この作品は先生が最後に書き遺した「自伝」ではないかという仮説を立ててみました。色定法師が亡くなってから七百年近く経って生まれた先生と、色定法師の一生は、時代も社会も環境もまったく違います。しかし、色定法師の足跡をたどるうち、先生は自らの人生を色定法師の生きざまに重ね合わせて原稿用紙のマス目を埋めていかれたのではないか。

そう想像しました。

色定法師が生涯をすごした宗像社は、海神を祀り、軍神ではないと度々強調されています。海上交通の安全を祈り、経済発展を願う場です。そこで取り組んだ一切経の書写の目的は、宗像から近い壇ノ浦で入水した安徳天皇のほか、源平合戦で命を落としたすべての人の救済でした。平和への祈りが写経の一文字一文字に込められているのです。その合間に色定法師は墨や紙を勧進しました。芦屋から舟で安芸、淡路、紀伊、京都を回り、博多の宋人たちから支援を受けました。写経に命を懸けた禅僧は、行動派でもあるのです。

かたや先生は、奈良県橿原市の浄土宗のお寺に生まれ、仏教専門学校から九大に進まれました。戦争中は陸軍、海軍も経験され、戦後は数十回も韓国を訪れて古代朝鮮仏教研究に新たな境地を開かれました。五十冊を超える著作の一方、山岳修験道に関心を抱かれたのは、戦火に散った多くの友を悼む気持ちからだったとお聞きしました。

色定法師と田村先生に共通する学問に対する一徹さと行動力。さらに地域とアジアに注がれる温かなまなざし。私にはお二人の人生が重なってしかたがありませんでした。たくさんのことを教えていただいた先生にあらためて感謝し、ご冥福をお祈りいたします。

# 目次

# 色定法師と源平の争乱

## 追悼・田村圓澄先生

# 色定法師と源平の争乱

# 序説「一切経」の成立

仏教が陸路によって古代中国に伝えられるのは、漢の時代であった。すなわち東西交通の幹線である「絹の道」が通じていた中央アジアから、漢の武帝（紀元前一四一－八七）の時代に、仏教が伝えられたとされる。その後、仏教僧の往来などがあったと考えられるが、後漢の桓帝（一四六－一六七）の時代に洛陽に来た安息（パルティア王国）の安世高《あんせいこう》は、『道地経』などの小乗仏教の経典を翻訳しているのに対し、安世高より約二十年遅れて洛陽にきた大月氏（現在のアフガニスタンあたりにあった国）の支婁迦讖《しるかせん》は、『道行般若経』などの大乗仏教の経典を翻訳した。

古代中国の都の洛陽に、すなわち集中する知識階層に仏教を伝えたのは、西域の安世高と支婁迦讖であるが、以後、中原（洛陽を中心とする黄河中流の地域）と西方とを結ぶ交通の要衝である敦煌《とんこう》を通じ、仏像・経典などが、僧らとともに長安・洛陽にくる。梵文の経典は、皇帝の援助によって設置される訳場において漢訳された。

古代中国に将来される仏教経典は、次第に数量を増し、したがって漢訳される経典は増加をつづけるが、これらの漢訳経典を、経・律・論の三蔵によって類別した。「経蔵」は、釈尊の教えを文章にまとめたものを、「律蔵」は、出家者教団の生活規範を、そして「論蔵」は、仏教関係の論義をおさめている。

三蔵の経・律・論を総称して、「大蔵経」または「一切経」と名づける。一切の仏教の文義・教理および生活規範を、三種に分類して蔵することで三蔵が成立した。

仏教の基本的典籍の集成が、「一切経」である。「一切経」の呼称は、隋（五八一－六一八）の時代の成立である。唐の智昇《ちしょう》（生没年不詳）の選述にかかる『開元釈教録』は、七三〇（開元十八）年に選述された「一切経」の目録であるが、所収の経典総計は一〇七六部・五〇四八巻である。

色定法師書写の「一切経」は、五〇四八巻であった。

# 一、色定法師と「一切経」

## 小伝　色定法師

『国史大辞典』（吉川弘文館、一九七九年）に、「安覚良祐《あんかくりょうゆう》」の項目で、今枝愛真氏による解説が掲載されている。これによると、

(1)鎌倉時代前期の禅僧であり、色定法師ともいわれた。筑前の宗像社の座主兼祐と、妙法尼の子として生まれ、宗像社の第一宮座主となった。

(2)平安時代末期に流行した、一切経書写の影響をうけ、一切経を書写しようと発願し、文治三（一一八七）年から安貞二（一二二八）年に至る四十二年間にわたり、五四八巻の経文を一筆書写した。

(3)その間、紙墨を勧進して、その足跡は香椎・淀・門司・安芸・讃岐・備後・淡路・紀伊から京都にまで及んでいる。

(4)現在、四三三一巻（重要文化財）が、福岡県宗像郡玄海町田島（現・宗像市田島）の興聖寺に伝わっている。

本書に誤植がありました。お詫びして訂正します。

16頁6行目

誤「五四八巻の経文を一筆書写した」

正「五〇四八巻の経文を一筆書写した」

78頁5行目

誤「一切経」は、法・律・論のほかに、

正「一切経」は、経・律・論のほかに、

78頁7行

誤　さて仏教の伝来は、経・法・僧

正　さて仏教の伝来は、仏・法・僧

(5)良祐は入宋したことがあり、安覚という道号は、そのとき受けてきたものであろう。
(6)栄西の弟という説もあるが、これは誤りである。安覚という道号などからみて、あるいは入宋中に栄西と同じ禅の法脈をついだ、というようなことがあったかもしれない。
(7)良祐は仁治三(一二四二)年十一月六日に寂、年八十三。
なお(4)の興聖寺に伝わっているとされる、色定法師書写の経文は、その後、宗像大社(宗像市田島)に返還され、現在、同大社において蔵されている。

小稿においては、「色定法師」の名称に統一、使用することとする。

## 「一切経」書写の動機 ― 時と処 ―

| 氏　名 | 生年―没年 |
|---|---|
| 平　清盛 | 1118 ― 1181 年 |
| 法　然 | 1133 ― 1212 年 |
| 栄　西 | 1141 ― 1215 年 |
| 源　頼朝 | 1147 ― 1199 年 |
| 色定法師 | 1160― 1242 年 |
| 親　鸞 | 1173 ― 1262 年 |
| 道　元 | 1200 ― 1253 年 |
| 日　蓮 | 1222 ― 1282 年 |
| 一　遍 | 1239 ― 1289 年 |

表1　色定法師など同時代人の生存年

色定法師が「一切経」の書写を発願し、実施に移した動機を解明するにあたり、まず第一に、その時期ないし時代、すなわち「時」と、第二に、色定法師が生涯を過ごした場所、すなわち「処」の二点に、注目したいと思う。

第一の「時」に関して、色定法師と同時代の僧、および著名人を挙げる(表1)。色定法師は、鎌倉新仏教の唱導者とされる、法然・親鸞・日蓮・一遍と同時代であった。法然・親鸞・道元などが、比叡山の延暦寺で修行をしたことは知られているが、色定法師の仏教が延暦寺や南都、また高野山の仏教とかかわっていたこととの伝承はない。

色定法師は、平清盛や源頼朝と同時代であり、すなわち源平争乱の時代であったことにも注目される。

第二の「処」について、色定法師は宗像社第一宮が所在する田島に居住しており、終生ここを離れることはなかった。

いま旧宗像郡を流れる釣川が、玄界灘に注ぐ河口近くに、荘厳・広大な森が見える。宗像大社の拝殿・本殿などがならび、神域は広大・安静である。

色定法師は宗像の田島のこの地で生まれ、この地で八十三歳の生涯を終えた。

## 宗像大宮司と宋・宋人

宗像第宮司が設置され、宗像氏の一族が大宮司として宗像社を総括するのは、九七九（天元二）年であるが、色定法師の時代の宗像大宮司は、宋との交易に積極的であった。

当時、博多に「大唐街」という宋人の居住区があり、また「宋人の百堂」[1]があった。博多・筥崎（箱崎）辺りの宋人の家は、千六百を数えたという。博多の承天寺を建立した謝国明も宋人であった。

宋船の出入りで賑わった鐘崎（宗像市）・江口（同上）・新宮（福岡県糟屋郡新宮町）は、いずれも宗像社の領地であった。

色定法師と同時代の、宗像大宮司氏実の妻は王氏であり、また氏実の長子であった権大宮司氏忠の妻は、張氏であり、いずれも宋人である。日宋貿易にたずさわる宋人は、家族もろとも、世代を重ねて博多や宗像に居住していた。

日本人と交渉をもち、しかも生活・環境を同じくする各地域の宋人の集団の存在を考えるならば、この宋人にとって、日本語が日常語であり、宋の言葉は、むしろ異国語であった。したがって、在地の宋人と日本人との通婚は平生不断におこなわれており、宗像大宮司と宋人女性との結婚も、格別な事例とみることはなかったであろう。

宋から渡来したとされる阿弥陀経石（重要文化財）や、同じく石造狛犬（重要文化財）などが宗像大社に蔵されている。

ともあれ、宗像また博多は、日本人が宋人と文化と生活と慣行を共有する、しかし異国的・個性的な領域であったのみらず、交易＝経済を基盤とする各人は、友好・親善であり、明日を期待する日常生活は、生気にみちている。「政治」が主軸ではなく、「交易」が中心であり、これが各人の思想・意気に深く浸透していた。ここには「明日」があり、そして「明日」をもつ日本人と宋人は活気にあふれていた。
色定法師が生まれ、八十三年の生涯を送った宗像は、このような世界であった。

## 二、海神の三社

### 博多における海神の二社

博多には、古くから海神を祭る二社がある。

(1)志《し》賀《か》海《うみ》神社（福岡市東区志賀島）
　底津《そこつ》綿津《わたつ》見神《みのかみ》
　中津綿津見神
　上津綿津見神

「ワタ」（綿）は海である。朝鮮語の「pata（海）」と関係があるであろう。当社の神主職は阿曇《あずみ》氏が継承している。

(2)住吉神社（福岡市博多区住吉）

底筒男神
中筒男神
表筒男神

この三神は住吉大神である。

なお『古事記』での底津綿津見神の表記は『日本書紀』では底津《そこつ》少童《わたつみ》命《のみこと》、同様に中津綿津見神は中津少童命、上津綿津見神は表津少童命と表記される。

(1)の綿津見三神と、(2)の住吉三神は、出現の場所および時を同じくしている。『日本書紀』の神話の国土創造である、イザナギ・イザナミの夫婦神が、これにかかわっている。イザナギとイザナミは、大八洲国などを生み、「万物」を生むが、火神のカグツチを生んだイザナミは死ぬ。イザナギは黄泉のイザナミのもとに行き、死の穢れをうける。これを禊《みそぎ》祓《はら》うため、筑紫の日向の小戸の橘の檍原にいく。海の底に沈んで濯《すす》いだ時に生まれたのが、底津少童命であり、次に底筒男命、また潮の中に潜《かつ》ぎ濯いだ時に生まれたのが、中津少童命であり、つぎに中筒男命、また潮の上に浮き濯いだ時に生まれたのが、表津少童命であり、つぎに表筒男命である。底筒男命・中筒男命・表筒男命は住吉大神である。底津少童命・中津少童命・表津少童命は、阿曇連らが祭る神である。

七三七（天平九）年四月乙己（九日）に、使を伊勢神宮・大神《おおみわ》社・筑紫の住吉・八幡の二社とにつかわし、奉幣して新羅の無礼の状を奉告しているので、このころには博多の住吉社は、存在していたと思われる。

## 宗像大社

宗像の田島には、色定法師が生涯を過ごした、宗像社第一宮があった。現在の宗像大社である。

(3) 宗像大社（福岡県宗像市田島）
市杵《いちき》島姫神《しまひめのかみ》（辺津宮、宗像市田島）
湍津《たぎつ》姫神《ひめのかみ》（中津宮、宗像市大島）
田心《たごり》姫神《ひめのかみ》（沖津宮、宗像市沖ノ島）

宗像三女神の出生についても、『日本書紀』に記述がある。

天照大神の弟のスサノオは、残忍なことをくりかえし、母の・イザナミが亡くなったことで昼夜泣きわめいて、国内の多くの人びとを若死にさせた。そのため父・イザナギにより、母のいる根の国（死者の国）に追いやられることになる。スサノオは、まず姉の天照大神に別れの挨拶をして、それから根の国に行くことになり、高天原に上るが、その勢いで山や川は揺れ動いた。弟の暴悪を熟知していた天照大神は、「わが国を奪うために来たのであろう」と疑い、男装するとともに武装して詰問した。

スサノオは、自分には邪心がないことを申すが、天照大神は信用せず、天真名井《あめのまない》の誓約《うけい》となった。誓約は、はじめに、男か女かのいずれであるかを決めておき、男が出れば清き心、女が出れば濁き心とする。

まず天照大神が、スサノオの十握剣《とつかのつるぎ》をうけとり、三段に打ち折り、天真名井につけ、うごかしすすぎ、かりかりとかんで、ふきすてる息の霧のなかで生まれたのが、田心姫・湍津姫・市杵嶋姫の三女であった。

次にスサノオは、天照大神が頭上、また腕にまかした八坂瓊《やさかに》（大きい）の五百箇（多く）の勾玉や管玉を緒で貫いてまとめて輪にしたものを求め、天真名井につけ、うごかしすすぎ、かりかりとかんで、ふきすてる息の霧のなかから生まれたのが、正哉吾勝速日天忍穂耳尊《まさかあかつはやひあめおしほみみのみこと》など、すべて五男であった。スサノオは清い心であることが証明された。

このとき天照大神は、「その物根《ものざね》（材料）を考えれば、八坂瓊の五百箇の御統は、吾が物である。したがって五人の男神は、すべて吾が児である」と宣言し、みずからは五人の男神を養い育てた。

いっぽう、「十握剣はスサノオの物である。したがって三女神は、すべて汝の児である」といい、スサノオに授けた。三女神は、筑紫の胸肩（宗像）君らが祭る神である。

さて宗像三女神のなかの市杵島姫（『古事記』では市寸島比売命、別名は狭依毘売命《さよりびめのみこと》）で、『日本書紀』神代上、第六段の一書《あるふみ》の第二と第三では沖ノ島の祭神としている（宗像大社では、辺津宮の祭神としている）。この「市杵」は「斎（いつ）く」、すなわち身心のけがれを浄め、神に仕えることを意味している。したがって市杵島、すなわち沖ノ島は女神であったことを示している。

また田心姫は『日本書紀』の表記で、『古事記』では「多紀理毘売命」と表記されている。また『日本書紀』第三の一書には「田霧姫」と書かれており『古事記』との同じ音の表記が確認できる。「霧」は天照大神とスサノオの誓約の「吹き棄つる気噴の狭霧」との関連が注目され、「田心」よりも「田霧」が古い名だと考えられる。田心姫の名称も、天照大神とスサノオの誓約にもとづくとみるべきであろう。

さらに三女神が天照大神の息の中から生まれたということにより、天照大神と深く関連していることがわかる。つまり宗像三女神の存在は、高天原の天照大神に関連している。

博多とその周辺に所在する三つの神社、すなわち⑴志賀海神社と、⑵住吉神社をⒶとし、⑶宗像大社をⒷとし、ⒶとⒷの相違を考えてみたい。

いずれも、三神の海神であるが、Ⓐは男神、Ⓑは女神である。

祭祀の場所として、Ⓐは神域を同じくしており、すなわち三神を祭る三殿が、同じ場所に併置されているのに対し、Ⓑの場合、大島は、田島に近い神湊の西北十二キロの海上にあり、沖ノ島は西北五七キロの孤島として存在する。

各三神の出生の場所についていえば、Ⓐは、日向の小戸の橘の檍原の海中であったのに対し、Ⓑは高天原において、天照大神の吹き出す息の霧から生まれている。

なお高天原の、天照大神の息の中から生まれたのは、宗像三女神だけである。

⑴志賀海神社の綿津見三神、⑵住吉神社の住吉大神、⑶宗像大社の宗像三女神は、いずれも海神であるが、その「海」は、太平洋また日本海ではなく、特定された海上ルートと、そのルートの独占・支配権に関連していたと思われる。すなわち各氏は、船を所有し、船の運用にあたる水夫や舵取り、船の製造や修理にあたる者や、天文・天候にたずさわる者、通事などの要員を抱えていた。

⑴綿津見三神は、那津（福岡市）－壱岐－対馬－狗邪韓国（韓国慶尚南道全海）の海上ルートを掌握していた。

(2)住吉大神は、遣唐使の海上ルートに関与していた。
(3)宗像三女神は、新羅ルートにかかわっていた。

## 宗像沖ノ島と祭祀遺跡

古代のヤマト王権、すなわち倭王（倭国王）また天皇と、避遠の地である筑紫の宗像氏は、つよい絆で結ばれていた。これに関連して注目されるのが、宗像沖ノ島の祭祀遺跡である(2)。

沖ノ島は東西約一・五キロ、南北約〇・五キロ、周囲約四キロあり、玄界灘に浮かぶ孤島である。

沖ノ島の祭祀遺跡は、年代的に四段階に区分される。第一段階の岩上遺跡、第二段階の岩陰遺跡、第三段階の半岩陰・半露天遺跡、第四段階の露天遺跡である。

第一段階の岩上遺跡は、十六・十七・十八・十九・二十一号遺跡である。巨岩の上に方形の祭壇を設け、中央部に依代《よりしろ》としての石塊を置いて磐座《いわくら》とする。つまり巨岩の上に降神の場をつくる。

祭祀遺物として、漢・魏の舶載鏡やその仿製鏡、碧玉製腕飾、滑石製の勾玉などのほか、朝鮮半島系の鉄鋌があり、四半世紀後半から五世紀の古墳の副葬品に通ずるものがある。

第一段階の岩上遺跡の祭祀形態は、巨岩の上に神を迎える垂直降臨型を示している海神も、

「天」から降りてくることを予定している。沖ノ島は海にとりかこまれており、したがって水平来臨型の祭祀が、沖ノ島の祭祀に相応しいとも考えられるが、しかし事実は、垂直降臨型であることがあきらかとなった。

第二段階の岩陰遺跡は、四・六・七・八・九・十・十一・十二・十三・十五・二十二・二十三号遺跡である。巨岩の庇を利用して、祭場が設けられており、沖ノ島の祭場遺跡として、その数が最も多い。遺物としては、仿製鏡・装身具・滑石製祭祀品などがあるが、また土師器・須恵器の土器・鞍・轡・杏葉などの馬具、刀子・斧・鐸などもある。とくに装身具の金銅指輪、金銅製馬具、切子ガラス碗など、新羅の古墳遺物と対比できる遺物の存在が注目される。五世紀後半から六世紀代に比定されるが、七世紀にまで及んでいると推定される。

第三段階の半岩陰・半露天遺跡は、五・二十号遺跡である。祭場は、わずかな岩陰と、岩陰をはずれた露天にまでひろがっている。祭祀遺物は、岩陰と露天の雨所にまたがって奉献されている。奉献品には、勾玉・小玉の装身具、鉄製の武器や工具、土師器・須恵器の土器、刀・斧・矛・儀鏡・五弦琴・紡織具・櫛などの金属製雛形祭祀品、また大形扁平勾玉などの滑石製祭祀品などであるが、この段階で急増するのは土器と金属製雛形祭祀品である。とくに唐三彩、および東魏の様式を伝える金銅製竜頭が注目される。

第三段階の奉献品において、前段階でみられた古墳遺物は後退し、祭祀遺物の比重が大きくなっている。

第三段階の半岩陰・半露天遺跡の年代は、七世紀より八世紀に及ぶと推定される。第四段階の露天遺跡は、一・二・三号遺跡である。露天の緩斜面で祭祀が行われている。奉献品として、八稜鏡・銅鈴、鉄製の武器、容器類、金属製雛形祭祀品、滑石製祭祀品や、人形・馬形・舟形の形式などがあり、土器類や形代が多いほか、奈良三彩壺も発見されている。

第四段階の露天遺跡は、八・九世紀に比定される。

さて沖ノ島において、一祭場一祭祀の原則が維持されていた、と考えられるが、祭祀遺跡の数は、岩上（四世紀後半－五世紀）が五、岩陰（五世紀後半－七世紀初め）が十二、半岩陰・半露天（七世紀－八世紀）が二、露天（八世紀－九世紀）が三である。沖ノ島において、合計二十二の場所で祭祀がおこなわれたが、祭祀のピークは、第二段階の岩陰遺跡であった。

注目されるのは沖ノ島の位置と、遺跡から推定される祭祀の規模である。宗像三女神の田心姫・湍津姫・市杵島姫と、奥津（沖ノ島）・中津（大島）・辺津（田島）との対応について、諸説があるが、『日本書紀』神代上の第六段の一書《あるふみ》の第二と第三が記すように、市杵島姫が沖ノ島の祭神であったとすれば、沖ノ島の祭祀遺跡の全四段階も、これに対応することになるであろう。とすれば、沖ノ島は、宗像三女神のなかの、市杵島姫を祭っていたことになる。

多種多様な、したがって多数の祭祀用具をとりそろえ、玄界灘の波濤をのりこえ、絶海の孤島にはこびこみ、ここで祭祀をとりおこなうのは容易ではない。祭祀興行のたび、多数の用人や経費が投入され、また相当な日数がついやされたであろう。

## 「海北道中」の宗像三女神

古代中国の南北朝時代の四七八年（南朝の宋の昇朝二）に、倭国王の武（雄略大王と考えられる）が、宋の順帝のもとに使者をつかわし、上表した。

昔より祖福（父祖）、躬ら甲冑を擐き、山川を跋渉し、寧処に遑あらず。東は毛人を征すること五十五国、西は衆夷を服すること六十六国、渡りて海北を平ぐること九十五国。(3)

この表の、東の「毛人」は蝦夷、西の「衆夷」は、辺境である九州の夷、そして海を渡った北の国は、百済や高句麗ではなく新羅であった。『三国史記』によれば、五世紀に、倭の軍兵による新羅侵攻は、十七回をかぞえる。

『日本書紀』神代上、第六段の第三の一書によれば、日神所生の宗像三女神は、「今、海北道中に在《ま》す」。「海北道中」は、倭から新羅に至る。軍事的な海上の道であり、つまり宗像三女神は、「海北道中」に深くかかわっていた、とみるべきであろう。

宗像女神は、高天原の天照大神の口からふき出す息の狭霧のなかから生まれた。三女神を高天原から葦原中国に降ろしたのは、日神（天照大神）であった。すなわち日神が宗像三女神に教えていうには、「汝《いましみはしら》三の神は、道の中（海北道中）に降り居《まし》て、天孫《あめみま》を助け奉《まつ》りて、天孫の為《ため》に祭られよ」と。「天孫」は、天照大神の命により、高天原から瑞穂の国に降ったホノニニギ、およびその子孫である瑞穂国の「王」＝「皇孫」である。すなわち天照大神から「宝祚の隆之まさむこと、当に天攘と窮り無けむ(4)」と命じられた天皇と、宗像三女神との関連が示されている。

「海北道中」は、倭による、新羅侵攻の道であった。しかし天照大神から、「海北道中」に降ることを教示された宗像三女神にとって、「海北道中」は、ここで長く歴代の天皇を助け、そして天皇によって祭られるところであった。

宗像三女神は、新羅を敵として戦う神ではなかった。つまり市杵嶋姫をはじめとする三女神は、終始、「軍神」ではなかった。

宗像三女神は、倭と新羅（辰韓）との海上のルートを支配し、双方の人や物などの往来・運送を管掌した。宇佐（大分県宇佐市）の八幡神(5)や、香春（福岡県田川郡香春町）の辛国息《からくにおき》長大姫大目命《ながおおひめおおまのみこと》(6)などは、元来は新羅の神であり、すなわち倭に渡来する新羅人の発祥の対象であったが、これらの新羅人の倭渡来にかかわり、これを援助したのは、宗像氏であり、そして宗像三女神であったと推察される。

宗像三女神が女神であるのは、天照大神に関連しているからである、と思われるかも知れないが、私見によれば、天照大神(7)との関係を語る『日本書紀』の記述以前から、宗像三女神は、宗像氏によって奉祭されていたとみるべきであろう。宗像三女神は、まず宗像氏によって奉祭された時点から、女神であった。

宗像三女神が、もともと女神であり、そしてヤマト政権による新羅攻略とも関連がなかったのは、宗像氏が軍事的な氏族でなく、新羅との海上交通・運輸にのみ、かかわっていたことと関連があるであろう。軍事的氏族が多数を占めていた倭において、宗像氏は非軍事の立場をつらぬいていたことに、留意しなければならない。

## 三、平氏と宗像氏

### 宗像大宮司の「非戦」の伝統

一一八三（寿永二）年に、木曾義仲の軍勢が京都にせまり、平宗盛は安徳天皇を奉じて京都を離れ、屋島（香川県高松市屋島）に移った。その後、平氏は福原（神戸市兵庫区付近）に進出し、一ノ谷（神戸市須磨区一ノ谷）に陣をかまえ、京都復帰を目指した。しかし源頼朝の命をうけた義経・範頼の攻撃をうけた。とくに義経軍が一ノ谷の合戦において、平氏軍に圧勝した。平氏の一族で、戦死または捕虜となる者が多く、宗盛は西の方に移動する。

ここで平氏が信仰をささげた厳島神社（広島県佐伯郡宮島町）についてふれておきたい。厳島神社の創建の年次や、その間の事情についてはさだかではないが、平安時代前期には、造営されていたと考えられる。神社名の「いつくしま」は、宗像三女神の「市杵島姫」をうつしているのであり、厳島神社の祭神として、宗像社の市杵島姫・田心姫・湍津姫の三女神を迎えている。瀬戸内海の舟運の安全・発展を願って宗像三女神が勧請されたが、とくに平氏一門の、厳島神社崇敬は深重であった。平清盛は六度、清盛の弟の頼盛は二十度、厳島神社に参詣している。

平清盛らが平氏一門の繁栄を祈り、厳島神社の本願の寺である宮島の大願寺の十一面観音に奉納した『法華経』など三十三巻の経典がある（「平家納経」）。この経典は、清盛をはじめとする平氏の人びとが、一人一巻ずつ書写している。各巻は表紙・見返し・料紙などに、善美のかぎりをつくし、権力の頂点にあった平氏の栄華を反映した装飾経である。なお今も宮島に見られる五重塔や多宝塔などは、大願寺の伽藍である。

一ノ谷で敗れた平氏は、宗像大宮司に対して軍事的援助を求めたのではないか。平氏が尊崇する厳島神社の祭神は宗像社の三女神であり、そして平氏が関心を寄せていた日宋貿易には宗像氏がかかわっており、平氏と宗像氏はかねてから交流・交渉を深めていた、と推測されるからである。しかし宗像氏は軍事面で平氏の側につくことはなく、また源氏の側につくこともなかった。

宗像三女神は海神であるが、軍神ではなかったからである。宗像社の社僧であった色定法師なども、宗像氏が氏族として、戦闘にかかわらない大宮司の姿勢、また立場を支持し、援護していたと思われる。

宗像大宮司が、この時、平氏または源氏のいずれかを援助し、これに加担していたとすれば、その後に発願・興行される色定法師の「一切経」書写の大行は、実現が困難になったことも考えられるであろう。

## 壇ノ浦の合戦と安徳天皇の入水

一一八五（文治元）年、すなわち一ノ谷の戦の翌年に、源氏の水軍八百余艘と平氏の水軍五百余艘が、壇ノ浦（山口県下関市）の海上で激突し、源義経の源氏軍が勝利をおさめた。平氏の武将の多くが戦死、また海没した。平宗盛らは捕らえられた。源平の争覇は源氏の勝利に終り、平氏は滅亡する。五年間に及ぶ治承・壽永の内乱（一一八〇－一一八五）が終り、鎌倉の源頼朝は、「天下兵馬の権」を掌握することになる。

壇ノ浦における源平の海戦、そして平氏の滅亡のなかで、あまねく世間の人びとの衝撃となり深い悲しみを与えたのは、安徳天皇（一一七八－一一八五）の入水であった。安徳天皇は神璽（三種の神器の八坂瓊曲玉）および宝剣（三種の神器の草薙剣）を帯び、平清盛の妻の時子（二位の尼）に抱かれ、海に投じてなくなった。安徳天皇は八歳であった。

なお安徳天皇の母の建礼門院（高倉天皇の中宮、父は平清盛、母は平時子）は、壇ノ浦で入水したが、助けられて京都に帰り、出家して大原の寂光院で余生を終えた。

さて『平家物語』（「新日本古典文学大系」岩波書店）は、この段についてては、次のように語る。

二位殿（清盛の妻時子）は、このありさまを御らんじて、日ごろおぼしめしまうけたる事なれば、にぶ色のふたつぎぬうちかづき、ねりばかまのそばたかくはさみ、神璽《しんし》をわきにはさみ、宝剣を腰にさし、主上（安徳天皇）をいだきたてまッて、「わが身は女なりとも、かたきの手にはかゝるまじ。君の御ともに参る也。御心ざし思ひまいらせ給はん人〻は、急ぎつゞき給へ」とて、ふなばたへあゆみ出でられけり。主上、ことしは八歳にならせ給へども、御としの程よりはるかにねびさせ給ひて、御かたちうつくしく、あたりもてりかゝやくばかり也。御ぐしくろうゆら〱として、御せなか過ぎさせ給へり。あきれたる御さまにて、「尼ぜ、われをばいづちへ具してゆかむするぞ」と仰せれば、いとけなき君にむかひたてまつり、涙をおさへて申されけるは、「君はいまだしろしめされさぶらはずや。先世の十善戒行の御ちからによッて、いま万乗のあるじとむまれさせ給へども、悪縁にひかれて、御運すでに尽きさせ給ひぬ。まづ東にむかはせ給ひて伊勢大神宮に御いとま申させ給ひ、其後西方浄土の来迎にあづからむとおぼしめし、西にむかはせ給ひて、御念仏さぶらふべし。この国は粟散辺地《ぞくさムへんぢ》とて、心うきさかゐにてさぶらへば、極楽浄土とて、めでたき処へ具しまいらせさぶらふぞ」となく〱申させ給ひければ、山鳩色の御衣に、びんづらゆはせ給ひて、御涙におぼれ、ちいさくうつくしき御手をあはせ、まづ東をふしをがみ、伊勢大神宮に御いとま申させ給ひ、其後西にむかはせ給ひて、御念仏ありしかば、二位殿やがていだき奉り、「浪のしたにも都のさぶらふぞ」となぐさめたてまッて、ちいろの底へぞ入給ふ（巻第十一、先帝身投）。

## 『平家物語』と源頼朝

祇園精舎《ぎおんしようじや》の鐘の声、
諸行無常《しよぎやうむじやう》の響あり。
沙羅双樹《しやらそうじゆ》の花の色、
盛者必衰のことはりをあらはす。
驕《おご》れる人も久しからず、
唯《ただ》春の夜の夢のごとし。
たけき者も遂《つい》にはほろびぬ、
偏《ひとへ》に風の前の塵に同じ。

『平家物語』（「新日本古典文学大系」岩波書店）の冒頭の一節である。

『平家物語』は、平清盛を頂点とする平家一門の言動を、「驕れる人」「たけき者」と集約する。

栄華をきわめ、勝手な振る舞いをした平氏は、長くその身を保つことはできなかった、とみるのは当時の世評であったのであろうか。

しかし平氏を滅ぼした源頼朝はどうであろうか。源頼朝は日本全土を戦場とし、平氏の人びとを殺害し、また民衆を地獄におとしいれている。とくに安徳天皇の苛酷な最後について、頼朝はかかわりがないといえるであろうか。

鎌倉に幕府をかまえた頼朝は、日本ではじめて軍事力による日本の支配体制を確立した。この状況下において、頼朝の存在とその行実を「悪」とすることは困難であり、むしろ不可能であったであろう。

とすると、「驕れる平氏」の声は当時の世間を覆うていたが、この事態は正常とはいえないのではないか。勝者と敗者の地位と落差は厳重であり、容易に解消するものではなかった。『平家物語』の「驕れる平家」の世評は定着しており、勝者の卓越した権勢が日本全土をおさえていたことに、留意すべきであろう。

源頼朝の行実が、「悪」であることを、あきらかにされる時期がくるのであろうか。ともあれ『平家物語』の平氏批判は、これが成立した時期を考慮すると、一方的であったと思われる。

## 四、天照大神の出現――「歴史」のはじまり

### 多神の世界と私地・私民体制

水稲工作をともなう弥生時代は、紀元前三世紀にはじまる。水稲耕作は、土地の占有と農耕者の定住を条件とするが、つまり土地と人とを領有・支配する主長と、その集団が成立しなければならない。一世紀の、後漢の光武帝から印綬を賜った倭の奴国王、(8)また三世紀の邪馬台国の女王卑弥呼(9)らは、それぞれ生産手段としての、土地と人民の領有・支配者であった。

各地の倭の王は、農作の豊饒と人民の安穏を祈る神を祭っていた。各王が祭る神は、稲作の無事・豊穣を願うにあったが、祭る場所、つまり天に常在する神を、招きよせるための、樹木や岩石などの依代《よりしろ》＝憑代が必要であり、やがてその場に神社が設けられる。

各地域の王、また氏族らが祭る神は、農耕を基盤とすることにおいて共通するが、しかし各神はすべて異なっていた。各王らが祭る神は、各王らが領有・支配する土地と人民に結びついていたからである。したがって各神は地域的にすべて分散していた。そして各地に分散している神の数は、同じく各地に分散している王の数とほぼ同じである。

弥生時代の倭は、多神の世界であった。この多神の中で、人に話しかける神はなく、つまり倭の神は、「言葉」をもたなかった。

倭の神は、他の神と連帯することはなく、連合の組織をつくることもなかった。倭の時代において、政治的統一に基づく「国家」が、成立していなかったからである。

三世紀後半、ないし四世紀初頭の、倭における古墳の出現は、ヤマト王権の成立、ないし発展に関連をもつと考えられるが、しかしヤマト王権は、各地の王、ないし豪族による私地・私民の領有・支配に対して、変化を加えることはなかった。蘇我・大伴・物部などの各氏族による、土地・人民の領有・支配体制はなお存続していた。

倭において、私地・私民制が存続する限り、多神の世界は存続する。そして多神の世界が存在する限り、私地・私民制は持続する。倭の私地・私民制と多神の世界は、不可分であった。

倭の私地・私民制が、公地・公民制の「国家」に移行するには、まず多神の世界に対する対応・措置がなされなければならない。しかし私地・私民制と結合する多神の世界は、公地・公民制の形成の手段にはなりえず、むしろ公地・公民制に反対し、抵抗する存在であった。つまり倭における多神の世界は、「統一国家」の成立に対する、根源的な阻止者であった。

## 倭王・天皇の遷宮とその廃絶

倭において、倭王・天皇が一代ごとに居住する宮を遷しかえる、歴代遷宮の慣行が厳守されていた。[10]『古事記』および『日本書紀』によれば、第一代の神武天皇より、以下すべての天皇が、所住の宮をかえている（表2）。火災などにより、天皇が所住の宮をかえる事例がみられるが、しかし天智天皇までの各天皇について、二人またはそれ以上の天皇が、同じ宮に住んだ例はない。一天皇一宮の原則が、厳重に遵守されていた。

倭王による歴代遷宮の慣行が、倭の氏族によって模倣・踏襲された事例はない。また百済・新羅・高句麗の王による、遷宮の慣例をみることもない。歴代の遷宮は、倭王のみの慣行であり、数世紀にわたって、厳重に継承・施行されていた。

倭王による歴代遷宮の要因は、何であったか。それは倭王の本質、ないし職能に関連していたと思われる。

生産手段としての土地と人民を、領有・支配する氏族は、これを実現・維持するための軍事力を保持していた。他の氏族とのトラブルを解決する手段として、軍事力の行使が必要とされた。しかし倭王は、軍事力の行使を第一義としなかった。倭王は祭主であったからである。

倭王の要務は、農耕の擁護をふくむ、産霊神《むすびのかみ》を祭ることであった。「産霊」は天地万物を産みなす神であるが、稲作農耕も産霊神の加護をうける。

倭王の宮は、産霊神を祭る聖なる場であった。つまり倭王の死は、その宮とその土地に、死穢を与えることになる。したがって次の新倭王は、穢れなき土地を求め、穢れなき宮を営み、そこに遷ることになる。倭王による歴代遷宮は、すなわち新倭王の即位の儀礼でもあった。

歴代遷宮の慣行が廃絶されるのは、天武天皇によってである。天武天皇は飛鳥浄御原宮《あすかきよみがはらのみや》で死去するが、後をついだ皇后の持統天皇は、飛鳥浄御原宮を離れることはなく、そこに住みつづけた。持統天皇により、日本で最初の都城制の新益京《あらましのみや》＝藤原宮が構築される。

天武天皇の飛鳥浄御原宮の「浄御原」は、天照大神の「高天原」に対応しているように思われるが、倭王の宮の名が、飛鳥豊浦宮や板蓋宮のように、地名や宮の様式にちなむのと異なり、宮の存在理由を意味する、「浄御原」の高次性に注目される。

「浄御原」は、仏教の「経」の力、とくに『金光明経』の力により、終始、浄められることを示している(11)。したがって死穢も、「経の力」によって、飛鳥浄御原宮に付着することはない。数世紀にわたり、倭王を拘束し、苦悩せしめてきた歴代遵守の慣行は、「倭」において厳守されていたが、「日本」において廃止・放棄された。

| 代 | 天皇（倭王）名 | 古事記 | 日本書紀 | 推定地名 |
|---|---|---|---|---|
| 一 | 神武 | 畝火白檮原宮 | 畝傍橿原宮 | 奈良県橿原市久米町 |
| 二 | 綏靖 | 屑白高岡宮 | 屑城高岡宮 | 奈良県御所市森脇 |
| 三 | 安寧 | 片塩浮穴宮 | 片塩浮穴宮 | 奈良県大和高田市三倉堂 |
| 四 | 懿徳 | 軽境岡宮 | 軽曲峡宮 | 奈良県橿原市大軽町付近 |
| 五 | 孝昭 | 屑城掖上宮 | 掖上池心宮 | 奈良県御所市池之内付近 |
| 六 | 孝安 | 室秋津島宮 | 室秋津嶋宮 | 奈良県御所市室 |
| 七 | 孝霊 | 黒田廬戸宮 | 黒田廬戸宮 | 奈良県磯城郡田原本町黒田 |
| 八 | 孝元 | 軽堺原宮 | 軽境原宮 | 奈良県橿原市大軽町付近 |
| 九 | 開化 | 春日伊邪河宮 | 春日率川宮 | 奈良市子守町率川の辺か |
| 一〇 | 崇神 | 師木水垣宮 | 磯城瑞籬宮 | 奈良県桜井市金屋付近 |
| 一一 | 垂仁 | 師木玉垣宮 | 纒向珠城宮 | 奈良県桜井市北部（旧纒向村付近） |
| 一二 | 景行 | 纒向日代宮 | 纒向日代宮 | 奈良県桜井市穴師 |
| 一三 | 成務 | 志賀高穴穂宮 | | 滋賀県大津市穴太 |
| 一四 | 仲哀 | 穴門豊浦宮 | 穴門豊浦宮 | 山口県下関市豊浦村 |
| | 〃 | 筑紫訶志比宮 | 筑紫橿日宮 | 福岡市東区香椎 |
| 一五 | 応神 | 軽島明宮 | 明　宮 | 奈良県橿原市大軽町付近 |
| | 〃 | | 難波大隅宮 | 大阪市東淀川区東大道町・西大道町 |
| 一六 | 仁徳 | 難波高津宮 | 難波高津宮 | 大阪市大阪城辺か |
| 一七 | 履中 | 伊並礼若桜宮 | 磐余稚桜宮 | 奈良県桜井市池之内付近か |
| 一八 | 反正 | 覆治比芝垣宮 | 丹比柴籬宮 | 大阪府松原市上田町付近か |
| 一九 | 允恭 | 遠飛鳥宮 | | 奈良県高市郡明日香村 |
| 二〇 | 安康 | 石上穴穂宮 | 石上穴穂宮 | 奈良県天理市田町 |
| 二一 | 雄略 | 長谷朝倉宮 | 泊瀬朝倉宮 | 奈良県桜井市朝倉 |
| 二二 | 清寧 | 伊波礼甕栗宮 | 磐余甕栗宮 | 奈良県桜井市池之内付近か |
| 二三 | 顕宗 | 近飛鳥宮 | 近飛鳥八釣宮 | 大阪府羽曳野市飛鳥 |
| 二四 | 仁賢 | 石上広高宮 | 石上広高宮 | 奈良県天理市石ノ上付近 |
| 二五 | 武烈 | 長谷列木宮 | 泊瀬列城宮 | 奈良県桜井市初瀬付近 |

表２　歴代天皇と宮の変遷

| | | | | |
|---|---|---|---|---|
| 二六 | 継体 | | 樟葉宮 | 大阪府枚方市楠葉 |
| | 〃 | | 筒城宮 | 京都府綴喜郡 |
| | 〃 | | 弟国宮 | 京都府乙訓郡 |
| | 〃 | 伊波礼玉穂宮 | 磐余玉穂宮 | 奈良県桜井市池之内付近 |
| 二七 | 安閑 | 勾金箸宮 | 勾金橋宮 | 奈良県橿原市曲川町 |
| 二八 | 宣化 | 檜坰廬入野宮 | 檜坰廬入野宮 | 奈良県高市郡明日香村檜前 |
| 二九 | 欽明 | 師木島大宮 | 磯城嶋金刺宮 | 奈良県桜井市金屋付近 |
| 三〇 | 敏達 | | 百済大井宮 | 奈良県桜井市吉備 |
| | 〃 | 他田宮 | 訳語田幸玉宮 | 奈良県桜井市戒重か |
| 三一 | 用明 | 池辺宮 | 池辺双槻宮 | 奈良県桜井市池之内 |
| 三二 | 崇峻 | 蔵椅柴垣宮 | 倉梯宮 | 奈良県桜井市倉橋 |
| 三三 | 推古 | | 豊浦宮 | 奈良県高市郡明日香村豊浦 |
| | 〃 | 小治田宮 | 小墾田宮 | 奈良県高市郡明日香村 |
| 三四 | 舒明 | | 飛鳥岡本宮 | 奈良県高市郡明日香村岡 |
| | 〃 | | 田中宮 | 奈良県橿原市田中町 |
| | 〃 | | 厩坂宮 | 奈良県橿原市大軽町 |
| | 〃 | | 百済宮 | 奈良県桜井市吉備 |
| 三五 | 皇極 | | 小墾田宮 | 奈良県高市郡明日香村 |
| | 〃 | | 飛鳥板蓋宮 | 奈良県高市郡明日香村岡 |
| 三六 | 孝徳 | | 難波長柄豊碕宮 | 大阪市東区法円坂町 |
| 三七 | 斉明 | | 飛鳥板蓋宮 | 奈良県高市郡明日香村岡 |
| | 〃 | | 飛鳥川原宮 | 奈良県高市郡明日香村 |
| | 〃 | | 後飛鳥岡本宮 | 奈良県高市郡明日香村岡 |
| | 〃 | | 朝倉橘広庭宮 | 福岡県朝倉郡朝倉町 |
| 三八 | 天智 | | 近江大津宮 | 滋賀県大津市 |
| 三九 | 天武 | | 飛鳥浄御原宮 | 奈良県高市郡明日香村岡 |
| 四〇 | 持統 | | 飛鳥浄御原宮 | 奈良県高市郡明日香村岡 |
| | 〃 | | 藤原宮 | 奈良県橿原市高殿町 |

## 天照大神の出現と「律令国」の構築

公地・公民制を基盤とする「国家」成立の前提として、多神の世界の変革のために求められたのは、唯一・最高神の出現である。唯一・最高神の出現により、これまで存続し、安定してきた倭の多神の世界による支配は解消し、したがって私地・私民制は崩壊して、「国家」の構築が可能となるであろう。すなわち天照大神の出現であり、天武天皇による、「律令国家」の構築につながる。「律令国家」の成立により、私地・私民制と結合していた「倭」の名称は、「日本」にかわり、「倭王」は「天皇」となる[12]。

天皇の祖先神である天照大神は、神として、はじめて「歴史」にかかわることとなった。「日本」の「歴史」は、天照大神から始まる。天照大神は「歴史」をつくる神となった。

ところで天照大神は、いつ出現したのであろうか。

高天原の天照大神は稲作をいとなみ、弟のスサノオは姉の田を荒らすが、さて天照大神は孫のホノニニギに、アメノコヤネら五部神をつけ、高天原から葦原の千五百秋の瑞穂国に、降らすことになる。いわゆる、「天孫降臨[13]」であるが、このときの瑞穂国は、倭の私地・私民制の段階であったのであろうか。それとも公地・公民制の段階であったのであろうか。

しかし、もし倭の王や、豪族などによる、私地・私民制の段階であるとすれば、「是、吾が子孫の王たるべき地」といえないのではないか。ところで、すでに公地・公民制であるか、あるいは公地・公民制になることが確定しており、すなわち、「律令国家」の構築に、大きく動き出している段階であった、とすれば、天照大神が孫のホノニニギを、瑞穂国に降らせる条件はととのっていたといえるであろう。

天照大神の出現は、「律令国家」の構築が確定し、改革が軌道にのった、天武天皇の時代であった、と考えられる。[14] 天武天皇は、「律令国家」の基本法である律令の編纂に着手した。「飛鳥浄御原令」であり、「大宝律令」に引きつがれる。

また天武天皇は、「帝紀」および「上古の諸事」の記定を命じた。「帝紀」は、「天照大神を皇祖神とする、歴代天皇の系譜」であり、「上古の諸事」は、天照大神に始まる、「日本」の歴史である。「帝紀」および「上古の諸事」の記定は『日本書紀』の編修につながる。

## 五、仏教と「国家」

### 「国家仏教」の成立

倭に伝来した仏教はやがて根をおろすことになるが、その仏教をうけいれたのは倭の氏族であった。まず氏族が寺を建てる。「氏族仏教」の段階である。推古大王（天皇）（五五四－六二八）のころの倭の寺の数は、大和・河内を中心として約五十を数える。

天武天皇（六三一－六八六）は、日本全土の政治統一を実現し「国家」を構築した。天武天皇は大海人王の時代に、ひとたびは出家した経歴をもっているが、仏教の帰依者であり、そして日本の仏教の興隆者であった。

天武天皇が住む飛鳥には、天武天皇建立の大官大寺があった。大官大寺は、天武天皇が推進する日本の「仏法興隆」の中核であった。また天武天皇は持統皇后の病気平癒を祈って、薬師寺を建立する。斉明大王（天皇）の飛鳥川原宮跡には川原寺が創建される。

持統天皇（六四五－七〇二）により、日本最初の都城制である新益京《あらましのみや》＝藤原宮が出現したとき、大官大寺・薬師寺・川原寺、それに日本で最初の伽藍である飛鳥寺（法隆寺）の四寺は、「護事国家」と「宮廷仏教」、すなわち、天皇の仏事を興行する職務を託された。「律令国家」に即応した「国家仏教」の開花というべきであろう。

天武・持統両天皇の時代には、五〇〇をこえる寺が、ほぼ日本全土に存在していた。[15]

## 仏教――天皇と民衆をむすぶもの

天武天皇を詠んだと考えられる歌を、『万葉集』（岩波古典文学大系）から拾ってみよう。

壬申之乱平定以後歌二首

(1)大君は神にし坐《ま》せば赤駒の匍匐《はらば》ふ田井《たゐ》を都となしつ　（巻十九、四二六〇）

右一首　大将軍贈右大臣大伴卿作

(2)大君は神にし坐せば水鳥の多集《すだ》く水沼《みぬま》を都となしつ　（巻十九、四二六一）

天皇、雷岳《いかづちのをか》に御遊《いでま》しし時、柿本朝臣人麻呂の作る歌一首

(3)大君は神にし座せば天雲《あまぐも》の雷の上に廬《いほ》らせるかも　（巻三、二三五）

天照大神を皇祖神とする天皇は、「神」であった。はじめて「天皇」になった天武天皇は、したがって、はじめて「神」になった。現人神である。

六七七（天武六）年八月十五日に、天武天皇は飛鳥寺（法興寺）に斎会を設け、僧尼を屈請《しょう》して「一切経」を読ませた。この年は、母王である斉明大王（五九四－六六一）の十七年忌にあたっていた。天武天皇は、親王・諸王・群卿をひきいて、飛鳥寺の南門から三宝を礼した。五体投地、すなわち全身を地に投げ伏し、うやうやしく仏を礼拝した。随従の親王・諸王らも、同じく五体投地の礼拝をしたが、これをとりまく一般民衆も仏号などをとなえ、

五体投地の礼拝をした。

天武天皇は現人神であった。神である天武天皇が、仏にむかって礼拝している姿を目のあたりにした民衆は、異様に思わなかった。というより、南門前の荘厳・盛大な仏事に、はからずも結縁できたことを悦び、感謝し、そして天武天皇には尊崇と親近感をいだいたであろう。

この場に居合わせた人びとは身分の高下をとわず、同信の法悦に浴したのである。仏教は、国王と臣、そして民衆をつなぐ絆であった。これが「国家仏教」の実相であった。

## 京都——都と本山

神である天皇が、仏教の帰依者であるとともに、日本の仏教の興隆者である体制は、「日本」＝「国家」形成の、天武天皇の時代に始まる。

民衆が一定の場所に、一定の集団を構成することにより、仏教受容者としての地歩を確保することができる。法然・親鸞・日蓮・一遍などの鎌倉新仏教の出現の前提条件であるが、また日本が貨幣経済の段階に入ったこととも関連があるであろう。

ともあれ日本人の多くは、仏教徒である。

平安時代以降、京都とその周辺に、天台宗・真言宗の寺、特に後に本山となる寺が集中する。宮中からは、各宗の本山などに寄進などがなされており、京都御所の天皇の消息は、信徒に伝えられていたであろう。

日本の仏教が、「鎮護国家」をとなえるのは、すべての宗派において共通している。日本の仏教は、根底において「国家仏教」であった。

天武天皇によって確立された日本の「国家仏教」は、江戸時代の終りまでの、一二〇〇年間つづく。この間、政治的動乱、社会的不安などの危機があったが、天皇の身分・地位が安定していたのは、仏教を介する天皇と民衆との強固なつながりがあったからではないか、とさえ思われる。

天皇は、仏教の信奉者であるとともに、日本仏教の興隆者である。京都を中心とする風土と景観は、この事実と歴史を明証している。

天皇に関するこの事実と歴史を、全国の人びとに語りつづけてきたのは、日本全土にひろがる寺と僧らであった。

# 六、「大日本帝国」と仏教

## 「仏教国教国」から「神道国教国」へ

天皇が仏教を受容し、そして日本における「仏法興隆」の願行を、相承・推進することが、天武天皇によって始められ、江戸時代末期までつづいた。その間、都が平安京（京都）に置かれて後、都を他に遷したこともあったが、それは短期間であり、もとの京都にもどっている。この一一〇〇余年間は、天皇の尊厳と地位・身分が、不変・不動であった事実と関連しているであろう。

日本の民衆は、日本における仏教受容の主客であった。京都に都がおかれていた間、民衆は、各自の家、また生活を通して、仏教を受けいれた。

天武天皇より江戸時代末期までの日本は、「仏教国教国」体制であった。

明治政府は、一八六八（明治元）年、すなわち明治政府が誕生した年に、全国の神社に対し、「別当」「社僧」と呼ばれていた僧侶に、還俗を命じたが、以後、神社から仏像をとりはらうよう指示するなど、神仏分離が進められ、さらに廃仏毀釈運動に発展する。

明治政府による「神道国教」政策にもとづき、仏像・仏具などの破壊・排除が全国的に強行されたが、注目されるのは、天皇のキャラクターの変化である。

江戸時代の終りまで、天皇は仏教の受容者、日本仏教の興隆の中核であり、そして仏教によって擁護されていた。仏は天皇の上にあった。しかし明治政府の廃仏毀釈により、天皇と仏教は絶縁した。

## 天皇の神格化・絶対化への道

明治政府の廃仏毀釈によって、天皇と仏教の縁が切れた。これまで天皇は、仏教の帰依者であったが、以後、天皇は仏の上に立つことになる。

天皇が仏教から離れたことにより、第一に仏教を介してつながっていた天皇と民衆の絆が絶たれた。仏の前では、帰依者であることにおいて、同列であった天皇と民衆は、支配・被支配の上下関係に位置づけられた。第二に、天皇の尊厳と地位を向上・拡大するため、天皇の神格化が進められた。

天皇の地位と系譜は、天照大神から発する。すなわち「万世一系」であり、そして天皇は、「神聖ニシテ侵スベカラズ」(「明治憲法」)。仏が、天皇の上に位置することはなかった。天皇は最高位の人であり、また神であり、この地歩と個性は、第一代の天皇であった天武天皇以降、江戸時代末までの天皇と、大きく変わっている。

仏教から離脱した天皇は、神格と絶対化された権威をもつこととなった。この天皇が君臨するのは、「日本」ではなく、「大日本帝国」[16]であった。

天皇を頂点とする「大日本帝国」は、身分社会であった。日本の国民は、すべて天皇の「臣民」であり、「臣民」は、皇族－華族－士族－平民の、いずれかの身分に著録《ちょろく》される。

皇族は天皇の一族である。華族は、明治維新前の公卿や諸大名などであり、公・侯・伯・子・男の爵位が授けられた人である。士族は旧武士身分の者である。平民は、明治維新前に、農・工・商の身分であった者をいう。身分は世襲された。なお華族には特権があった。

仏教を棄て、そして民衆との絆がなくなった天皇は、近代的な天皇の道を歩む。すなわち天皇は神格化され、絶対化される。

一八八九（明治二十二）年に発布された、「大日本帝国憲法」（「明治憲法」）は、

「大日本帝国ハ万世一系ノ天皇之ヲ統治ス」（第一条）
「天皇ハ神聖ニシテ侵スベカラズ」（第三条）

とする。「万世一系」であり、神聖不可侵の天皇が、統治権を総覧するのは、「大日本帝国」

である。「明治憲法」は、天皇の神格化・絶対化に即応した「大日本帝国」の基本法であった。

一八九〇(明治二十三)年に、明治天皇の勅語＝「教育勅語」が全国の学校に配布され、礼拝・奉読が、学校の行事に加えられたが、そのころ、明治天皇をうつした写真＝「御真影」が、全国の小学校、また公立の諸学校に下付され、「御真影」に対する最敬礼が、学校の行事に加えられた。

「大日本帝国」の中核である天皇の、威光と尊厳は、高まり、広まり、それが日本の国家的発展と結びついた。

## 「大日本帝国」の終焉

明治時代は、近代的統一国家として誕生した日本の躍動期であった。世界の列強と、ほぼ比肩するまでに発展したが、この「大日本帝国」の興隆に深くかかわったのが、隣国の朝鮮(韓国・北朝鮮)と中国(清国・支那)である。この二国と、それぞれの国民の存在が、「大日本帝国」の成立と発展と不可分であった。

明治－大正－昭和の時代、すなわち「大日本帝国」は発展し強国になった。

「大日本帝国」は、明治初年の征韓論にはじまり、日清戦争に引きつがれる。一九一〇

（明治四十三）年の韓国（朝鮮）併合により、朝鮮は「大日本帝国」の領土となり、朝鮮総督府が朝鮮の統治にあたった。

一八九四（明治二十七）年に日清戦争が始まったが、これに勝利した「大日本帝国」は、清国から遼東半島・台湾・澎湖諸島を割譲される（ただし一カ月後に、ロシア・フランス・ドイツの、いわゆる「三国干渉」をうけ、遼東半島は清国に返還された）。

十五年戦争は、一九三一（昭和六）年の満州事変にはじまり、一九三七（昭和十二）年の盧溝橋事件をきっかけとして、日中戦争に拡大し、のち太平洋戦争に包括される。

明治－大正－昭和の七十余年間、「大日本帝国」は、隣国の朝鮮・中国と、「歴史」を共有していた。すなわち、「大日本帝国」と朝鮮・中国は、それぞれ、相手の国とその人民を排除した「歴史」をもつことはできなかった。というのは、「大日本帝国」は両国に対し、政策的＝植民地支配か、または軍事的占領をつづけていたからである。すなわち「大日本帝国」が、二国に対して、帝国主義の侵略をつづけていた。

「大日本帝国」が、隣国の朝鮮、また清国（中国）の軍事力などにより、両国からの攻撃をうけ、両国によって領有・支配された事実はない。

「大日本帝国」の称号は、一九四一（昭和十六）年の「開戦の詔書」に出ているが、一九四五（昭和二十）年の「終戦の詔書」、また一九四六（昭和二十一）年の「年頭の詔書」には見られない。

「大日本帝国」は、一九四五（昭和二十）年の太平洋戦争の敗戦によって、終止をむかえたとみるべきであろう。

## 七、色定法師の一筆書写「一切経」

### 安徳天皇と宗像

屋島（香川県高松市）を拠点とし、瀬戸内海の制海権をにぎった平氏は、京都にもどるため、福原（神戸市兵庫区）に基地を設けたが、一の谷の合戦で、源義経の軍に敗れた。そして再び屋島にもどるが、ここでも義経の軍に攻められ、西方に逃れた。

一一八五（文治元）年に、源平最後の合戦が壇ノ浦（山口県山口市）でおこなわれ、義経軍が圧勝した。平氏の武将の多くは戦死・海没し、平宗盛は捕らえられる。平氏は滅亡した。

源平の争乱は、これまでの王朝政権が武家政権に転換する意義をもっている。日本の政治構造が、軍事力によって変革された事実を示した。

源平争乱の時期にも、日宋貿易は盛行していた。今津（福岡市西区）と宋の杭州（浙江省杭州市）が、双方の港であった。貿易に関与する宋人は、博多・箱崎などに居住していた。宗像三女神を祭る宗像大宮司が、これらの在日の宋人と、昵懇であったことがうかがわれるであろう。

一一八五（文治元）年の壇ノ浦の合戦で、平家は滅亡するが、二年後の一一八七（文治三）年に色定法師は、一筆書写行人として、「一切経」の書写を始める。

壇ノ浦の合戦で、不運・悲惨な最後を迎えた、幼少の安徳天皇に対する、修善・追慕の想いが、宗像大宮司をはじめ、宗像の人びとの間にひろがっていただけでなく、綱首をはじめとする、宋の貿易関係者などが色定法師の「一切経」書写を支援した。「一切経」書写の筆や墨などが、宋人によって寄進・提供され、また書写された「一切経」の校正に、わざわざ宋から、僧の一団が宗像にきている。色定法師による五〇四八巻の「一切経」の書写が完了するのに、四十二年間を要したが、その間に、宗像の人は言うまでもなく、異国の宋の人の支援が続けられた。

なお色定法師書写の「一切経」は現在、四三三一巻の存在が確認されている。

## 源平合戦と宋人

色定法師が「一切経」書写を、発願した動機については諸説がある。色定法師は二十歳代に、両親と死別したとされており、したがって「一切経」の書写は、両親の追善に資するためであった、と想定される。

色定法師が書写した経典の後記に、たとえば、

(1)書之　尊霊悲母藤原三子尼妙法為成仏（『仏説菩薩善戒経』巻第九）

(2)慈父座主兼祐経阿弥陀仏并悲母藤原四子蓮阿弥陀仏為成仏也（『大智度論』巻第七十）

ほぼ同文の後記がいくつもある。しかし、これは該当の経典の書写についての念願であり、「一切経」の書写についての念願ではない。一筆行人による「一切経」書写の念願については、別に考えなければならないであろう。

色定法師の「一切経」書写によせる、日本および宋の人の、長期におよぶ支援などを考えると、色定法師の私的な仏事に起因するとは解しがたい。

当時の宗像大宮司が、王氏・張氏の宋の女性を妻に迎えていたことから、推察されるように、宗像また博多とその周辺に住む宋人と日本人は、生活環境を共にし、友好・親善の関係で結ばれていたことが推測される。在日の宋人と日本人との結婚にしても、通例の習俗であったのではないか。

博多また太宰府[17]・宗像などに住む宋人は、壇ノ浦の源平の争乱に関心をもち、そして悲運の安徳天皇の情報は、深刻な衝撃となった。あわれな安徳天皇に対する思慕・追憶の思いを

深くする人が増えていったであろう。壇ノ浦における平氏の滅亡と、それにつながる安徳天皇の入水の悲劇は、宗像・博多などの宋人の、日常生活のなかに刻みこまれていった。

## 安徳天皇と源頼朝

色定法師は、一一八七（文治三）年四月十一日から、「一切経」の書写を始めた。書写の最初の経典は、『華厳経』がとりあげられた。同経の書写が終了したのは、同年七月十二日であった。色定法師書写の『大方廣仏華厳経』の第五十巻の奥書を次に掲げる。ただしこの奥書のある、色定法師書写の経巻は現存しない。梶原景熈の『田島経石記』附言に記されている。

夫良祐身堅、受持三帰五戒、自筆奉書一代諸経、其内華厳一部筆功畢
抑昔釈尊三七日振弁舌、説華偈、今弟子九十日、穿拙掌馳筆、逼解脱書写雖異、開悟得脱是同矣、先肇方広大乗法味、添賽地主三神之霊威、殊奉祈聖朝安穏、天長地久、本家泰平、延齢持福、幷社頭長吏上下諸人、宮中豊饒清謐安寧由、次尊師聖霊学頭良印、分此ニ処三会之説、育彼一宇千金之恩重、請雙親父母、二人姉弟。同遊壽域、共誇福庭美、亦々勤紙勤墨之桑門西勢、随施随興之檀主、現侔齢松子、当結跏蓮華、乃至一攬一交、

同行心昭、三千大千異類、一々離憂苦、各々預喜楽、殊誓弟子自発願書写之始、至所作
已弁之終
　貝葉五千巻、不退一字、命根数十廻、令除九横深、五時経巻入力、永離五怖異之道焉、
厚八万法門結縁、疾入八解脱之門矣
文治三年歳次丁未始自四月十一日壬午、終至七月十二日辛亥酉時、此経五秩書畢
一切経一筆書写行人、僧良祐、

色定法師は自らを良祐と呼び、かたく三帰（仏・法・僧の三宝に帰依すること）、五戒（在家の仏教信者が守るべき五つの戒め、すなわち殺生＝生き物を殺さないこと、偸盗＝盗みをしないこと、邪淫＝男女の間を乱さないこと、妄語＝嘘をつかないこと、飲酒＝酒を飲まないこと）を受持し、みずから釈尊一代の諸経を筆で書写する。そのうちの『華厳経』一部の筆の功は終った。

まず方広大乗（華厳経）の法味を、地主三神＝宗像三女神にささげる。ことに聖朝安穏、天長地久を祈り奉る。次の本家＝宗像大宮司の泰平と延齢・持福、ならびに社頭の長吏や上下の諸人、宮中（宗像大宮司の支配地）の穀物がゆたかにみのり、清くしずかであり、おだやかで平和であることを祈ることがつづく。

注目されるのは、色定法師が「一切経」の書写を始めた一一八七（文治三）年は、平氏が壇ノ浦の合戦で滅亡し、そして安徳天皇が無慚《むざん》な死を迎えて、わずか二年後のことであったことである。ここに、「聖朝の安穏を祈る」とあるのは、どういうことであろうか。

安徳天皇は、源頼朝によって、つまり源頼朝の軍事力によって、入水の悲劇を拒むことができなかった。そして頼朝は、みずからの所行を懺悔することはなく、また自己の悪業を他から問われることもない。「聖朝安穏」と「天長地久」を祈るのは、安徳天皇のもとにたちかえり、安徳天皇から新しく出発すべきことを、示唆してくれているのであろうか。

一筆行人による、「一切経」の書写発願の、色定法師の本意は、安徳天皇の冥福を祈念するにあったと思われるが、それはまた、「聖朝安穏」「天長地久」に結びついていた。

## 安徳天皇追福 ― 色定法師書写の「一切経」

壇ノ浦における源平合戦、とりわけ幼少の安徳天皇の入水は、多くの人びとを悲歎の淵にみちびき、日がたつにつれ、安徳天皇に対する追悼の輪は、ひろがるばかりであった。

安徳天皇は、天照大神の裔孫であり、一天万乗の君である。日本における唯一・最高位の現人神である。壇ノ浦の源平の合戦で、あえなくも海中に身を沈めた。安徳天皇は幼少の身であったとはいえ、尊厳と地位・身分はかわることはない。

しかし平氏を撃破した源頼朝の支配下にあっては、安徳天皇に対する公然たる追悼の行事や集会は、はばかられたであろう。宗像氏を中心とする、安徳天皇尊崇の気運が高まるなかで、色定法師は安徳天皇追善のための、「一切経」書写を思い立った。

第一に、「一切経」の書写によって、安徳天皇を哀惜するより多くの人と結縁し、さらに結縁した人びとをひとつの輪でつなぐことが可能になるであろう。

第二に「一切経」の書写を一人一筆とすることにより、「一切経」書写の本意が、色定法師ひとりの作善であることを周知させ、この事態は保証されるであろう。

第三に、安徳天皇追善の思いと行法は、この「一切経」が存在する限り、存続するであろう。

第四に、安徳天皇追憶の気運は、在日の宋人にまで及んでいるが、今後も長く、ひろくこの世情の存続することができればと願われる。

平氏の滅亡、そして安徳天皇の入水の悲惨な最後は、五〇四八巻に及ぶ厖大な「一切経」書写にまで発展するが、「一切経」書写の発願がなされたのは、宗像に住む色定法師であったことに、改めて留意したいと思う。

海神の三女神を祭る宗像氏は、新羅に至る「海北道中」の「軍事」ではなく、「通航」をつらぬき通した氏族であり、近くで決行された源平の争乱にも、「中立」の立場を保持したことが、「一切経」書写を発願した色定法師に、出場の道を開き、長きにわたる色定法師の行法を支えたといえよう。色定法師の「一切経」書写に随喜する多くの宋人が現れたのも、宗像氏の伝統的な心情と立場の反映であると思われる。

なお仏教では、人倫秩序の破壊を悪とするが、三悪・五悪・十悪の第一にあげられるのは、殺生（生き物を殺すこと）である。田島宮の社僧の感化・影響により、宗像社を中核とする宗像一円の、非戦の伝統が形成された、とみることもできるであろう。

## 八、色定法師の「道」と「世界」

### 東大寺と色定法師

色定法師書写の『仏説菩薩善戒経』巻第九の後記によれば、一一九五（建久六）年三月十二日に、色定法師は葦屋津から神宮船に乗ったこと、同じく『優婆塞戒経』巻第二の後記によれば、同年四月十九日に王城綾小路三北自猪隈東千乗禅房宿所にいたことが知られる。

右の色定法師が船に乗った葦屋は、芦屋（福岡県遠賀郡芦屋町）であり、遠賀川の河口に位置している。中世の芦屋は、梵鐘・鰐口・仏像などの銅・鉄の鋳造が盛んであった。神宮船は、宗像氏が所有し、運営にあたっていたことを示し、宗像氏が芦屋を港とし、上方への海上ルートを掌握していたことを語っている。

色定法師書写の「一切経」には、「後記」のあるものは、全般的にみれば少ない。そしてその「後記」は、いわゆる「日記」類ではない。したがって色定法師の行動について、その前後をあきらかにすることができない場合が多い。今は想像をもって、理解することとなる。

このとき色定法師は、なぜ京都に行ったのであろうか。考えられるのは、このころ平重衡によって焼亡した、南都東大寺の大仏と大仏殿が、十五年ぶりに復興されたことである。この年の三月に、東大寺大仏殿の落慶供養会が興行されている。

色定法師は、復興された東大寺大仏に、結縁、供養するため、かねてから上京の機会を待っていた、と考えられる。この推測を可能にするには、事前に色定法師が東大寺の焼亡と、その後の復興の情報を入手していたことを認めなければならない。

京都・奈良を中心とする、政治・社会、また仏教界の情報を、筑紫の宗像氏は確実に入手するルート、ないし手段を掌握していたのではないか。

官衙としての「太宰府」は消滅し、地名としての「太宰府」が用いられる時代となっていたが、日宋貿易にも関与している宗像氏は、京都との独自の情報ルート、およびこれに対応する組織を、長期にわたって、維持していたとみるべきであろう。

色定法師の「一切経」書写も、宗像の一僧としてではなく、京都・南都の、つまり日本の諸情勢を勘案して、実施されたとみるべきではないか。これは宗像に住む色定法師によって、はじめて可能であったが、基本的に、色定法師の認識の深さ、そして宗像に住む色定法師の視座・思考の広さを、理解すべきであろう。

上京した色定法師は、綾小路北の千乗禅房を宿所としているが、これは色定法師がはじめてではなく、これまでも宗像大宮司の関係者が上京した場合、ここを宿所としていたとみるべきであり、南都参拝が色定法師にとっては最初であっても、色定法師を受け入れる準備は、事前になされており、東大寺参拝にしても、色定法師にとって不安はなかった。

宗像の色定法師は、東大寺と大仏の被災、そしてその後の復興の情報を、逐一入手することが可能であった。東大寺の大仏の鋳造、また大仏殿の再建について、技術面で指導・貢献した宋の陳和卿は、来日のとき、今津に上陸している。想像をたくましくすれば、色定法師はこのとき、陳和卿に会っていたことも考えられよう。いうまでもなく、色定法師の「一切経」書写は、多くの、そして長期にわたり、宋人による随喜・支援をうけていたからである。このとき色定法師から、源頼朝の悪業について、陳和卿に話したこともあったであろうか。その後、陳和卿が頼朝の謁見をことわったときの、陳和卿の発言内容は、色定法師の本意に通じている。

## 東大寺焼亡

平氏討伐に立ち上がった以仁王、および源頼政を、南都の東大寺・興福寺が支持したことを理由に、一一八〇（治承四）年に、平重衡は東大寺と興福寺を焼き討ちした。

東大寺は大仏殿が炎上し、大仏の首が落ちた。このほか講堂・食堂・戒壇院などが焼失した。興福寺においても、金堂・講堂・南圓堂などが類焼する。

翌年、すなわち一一八一（治承五）年に、平清盛が死去した。六十四歳であった。

後白河法皇をはじめ、源頼朝らの援助のもと東大寺の復興が始まった。栄西とともに宋から帰国した重源が造東大寺勧進となり、宋人の陳和卿は大仏の鋳造、また大仏殿などの建築の指導にあたった。

大仏の修復は終わった。一一八五（文治元）年に、後白河法皇の行幸があり、東大寺大仏開眼供養会が行われた。

大仏の被災から五年が経過していた。

## 東大寺復興と色定法師

聖武天皇の発願・建立になる南都の東大寺の大仏と大仏殿などが、平重衡によって炎上・

焼失されるが、色定法師にとっても、これは末法時における日本と日本仏教の危機の具現にほかならなかった。

東大寺の大仏は、日本と日本仏教の根源であり、また日本仏教の最高の本尊であったからである
平重衡による東大寺焼亡以後、日本は黒い雲におおわれていたが、その東大寺の大仏が今、見事に復旧、開眼された。色定法師はこの悦びの日を待っていた。

それから十年が経過し、大仏殿が再建された。十五年間の暗澹たる時期は終り、日本と日本仏教の復興・再出発の輝かしい記念すべき日を迎えた。

色定法師は、東大寺の復興に尽力を惜しまない源頼朝の姿勢を知っていた。しかし頼朝は、安徳天皇を頂点とする多数の人々を殺している。そして幼少の安徳天皇を無惨な死に追いやったことについて源頼朝は深くかかわっている。

東大寺大仏殿の落慶供養会に臨んだ、征夷大将軍源頼朝の言動と、その「罪業」を識っていたのは、宗像の色定法師であった。

## 「中世」の「真実」

鎌倉の源頼朝の入京は、二回をかぞえる。第一回は、ひとたびは弟の義経をかばった奥州

の藤原氏を、頼朝が滅ぼし頼朝による全国支配が実現した一一九〇（建久元）年である。上洛した頼朝は、後白河法皇から、権大納言、右近衛大将に任命された。頼朝は征夷大将軍の任官を望んでいた。頼朝は両官を辞し、鎌倉に帰った。

一一九二（建久三）に、後白河法皇が死去すると、頼朝は念願の征夷大将軍に任命された。

一一九五（建久六）年に、東大寺の大仏殿が再建された。平重衡による東大寺焼亡から、十五年が経過していた。同年三月に、東大寺大仏殿落慶供養会が修せられた。

この供養会に参拝するため、頼朝は妻の北条政子とともに、万を超える軍兵をしたがえて南都につき、東南院に泊まった。頼朝は馬千頭を東大寺に施入した。また米一万石、黄金千両、上絹千疋を東大寺に奉納している。

東大寺の供養会当日は雨であった。和田義盛と梶原景時が、数万騎の武士をひきつれ、寺の四面、周辺を警護した。頼朝は日の出の後に参堂した。

後鳥羽天皇の行幸があり、関白藤原兼実以下公卿、殿上人の多くが供奉した。

東大寺大仏殿落慶供養会が興行された翌日、源頼朝は大仏殿に参拝した。このとき、大仏の鋳造などの指導にあたった、宋人の陳和卿の功績を聞き、感銘を受けた。頼朝は値遇結縁のため、重源を使者として、陳和卿を招いたところ、

「(頼朝は) 国敵を退治した時に、多くの人命を断っており罪業が深いので謁することはで

きない」と陳和卿は使者に申し、再三にわたって固辞し、頼朝との面会は実現しなかった。

このとき頼朝は感涙をおさえ、奥州征伐の時に、身につけていた甲冑と、鞍を置いた馬三頭や金銀などを贈ったが、陳和卿は贈られた甲冑を、造営に必要な釘の料足として、伽藍に施入した。そのほかの駿馬などは、「受け取ることはできない」といって、ことごとく返したという。

頼朝はその後、京に入り、参内を重ねるが、やがて鎌倉に帰った[18]。

源頼朝は、平安時代の王朝政治体制を、武家政治体制に転換し、鎌倉幕府を創置することに、主導的役割を果たしたが、そのために日本の軍事力を総合・統一・掌握し、平氏を破滅においこみ、安徳天皇を頂点とする、無数の殺人・殺生をくりかえした。征夷大将軍の源頼朝は、崇敬する宋人の陳和卿から多くの人命を断った罪業を指摘され、わが悪業の深さ、重さに、涙しているのである。軍事的手段によって、日本における全国・全土の支配権を、はじめて掌握した人の、あふれる涙である。

テレビや映画などで、幟旗をなびかせ、騎馬の武士たちが駆け回る光景をみることがある。目を見張る、勇壮・溌剌な「中世」が、展開している、とうけとる人もあるであろう。

征夷大将軍源頼朝が自己の生涯＝殺生悪業に涙する姿、頼朝はその華々しい人生と栄光が、結局、自分自身の「悪」であったことを自覚したのである。この「悪」を、他人に託することはできない。

殺人、そして殺生の悪業に、涙する征夷大将軍源頼朝の姿こそ、頼朝自身が告白する、中世の「真実」である。頼朝のこの涙は、源平の合戦を軸とする中世の争乱によって不慮の死を迎えた、無数の人とその家族・一族らの、悲哀・苦悶・怨念の根源であったからである。

この中世の「真実」と、筑紫の宗像の色定法師が歩んできた道とは、つながっていると思われる。

## 結語 「中世」を救う色定法師

色定法師は一一五九（永暦元）年に、筑前の宗像社の座主兼祐と、妙法尼の子として生まれた。色定法師も、宗像社の第一宮（田島）の座主となった。

一一八五（文治元）年に、壇ノ浦の合戦があり、平氏は源義経の軍によって滅ぼされた。このとき幼少の安徳天皇は、入水によって死を迎えた。二年後の一一八七（文治三）年より一二二八（安貞二）年までの、四十二年間に、一筆書写の行として、色定法師は五〇四八巻の「一切経」の書写をつづけ、これを完了した。

色定法師の「一切経」の書写には、宗像大宮司や宗像社の人びとをはじめ、日宋貿易関係の宋人が、墨・筆などを提供し、また色定法師書写の経文の校正にあたるため、わざわざ宗像に来る宋僧もあった。

色定法師による『一切経』書写にあたり、無数の日本人、無数の宋人らによる、支援と協力の四十二年間がつづき、五〇四八巻に及ぶ書写が終了する。前代未聞のグローバルな壮挙であり、仏事であった。

色定法師による「一切経」書写の、発願・実施がなされたのが、日本の中心である京都・南都ではなく、海をこえた筑紫の宗像であったことに注目されるが、なお色定法師と、その「一切経」の書写には、色定法師自身が意識していなかったとさえ思われる、事実を告げている。「中世」の救済である。

安徳天皇をはじめ、平清盛と源頼朝の源・平両氏に属する戦没者の救済の道が、色定法師によって教示されていたからである。

色定法師の「一切経」の書写は、長期に及ぶ日本人と宋人の支持・協力をうけるが、その理由は、色定法師が「一切経」の書写を発願した動機と重なる。

色定法師が「一切経」に書写を思い立ったのは、第一に、色定法師が宗像社の僧であったからであり、第二に、壇ノ浦の合戦、すなわち安徳天皇の悲惨な入水を軸とする。平氏滅亡の場に程近い地に、居住していたからである。宗像大宮司は、市杵島姫神・湍津姫神・田心姫神の三女神を祭るが、三女神は海神であり、すべて海上運行の神であった。つまり「合戦」の神ではなかった。このことが、色定法師に対し、宗像における「一切経」の書写に道を開く要因となった。

源頼朝の権力と支配が日本全土を圧していたこの世間において、安徳天皇の入水を痛み、追悼・回向することは、憚られたであろう。しかし宗像の色定法師は、「一切経」書写の功徳を、悲運の安徳天皇の霊位にささげた。

留意すべきは、このとき、幼き安徳天皇の入水を悲しみ、これに涙することが、日本人のみならず、宋人にまで、ひろがっていた事実である。色定法師は、悲運の安徳天皇によせる、追憶と悲傷の声の、ひろがりと深さに感動した。

当時の京都や南都において、色定法師の登場を理解するのは、不可能であったのではないか。京都や南都の人にとって、壇ノ浦における安徳天皇の入水、そして平氏の滅亡は、宗像の人のように直接的、かつ衝撃的ではなかったからである。壇ノ浦と京都・南都は距離的に、あまりに遠隔であった。時間的にも、情報がとどくには、かなりの間があった。

鎌倉の源頼朝が、宋人の陳和卿に出会うまで、自分の口で語らなかった内心の苦悩を、宗像の色定法師は、すでに識知していた。というのは、頼朝にとって最後の、そして唯一の救済者は、色定法師であったからである。

色定法師は宗像で生まれた。しかし「一切経」の書写でみられるように、色定法師の「世界」は、日本の国内だけでなく、隣国の宋にまでひろがっている。「一切経一筆書写行人」の名は、いわば「世界的」であった。

悪名ではなく、善根功徳をつみ、ひろがる日本人の名が、海を渡った隣国にまで伝えられたのは、当時において、稀であったであろう。

他の人の心意を察すること、深く広く、そして人びとに感動を与え、人びととの援助をえてきた色定法師は、「一切経」書写の願行を通じて、安徳天皇をはじめとする、源平合戦の横死者の供養に、生涯をささげたが、しかし一方で、源平争乱の覇者であるにもかかわらず、おのが「罪業」に苦しむ人の心を、吾が心とすると共に、平清盛をふくむ敗残者の救われる道を教示した。これこそ「仏道」というべきであろう。

天皇は、日本の「歴史」をつくる人であった。そして天皇以外の、すべての日本人は、その「歴史」のなかに位置づけられる。勝った源氏も、負けた平氏も、共にその「歴史」のなかに登場する。

安徳天皇を死に追いやったのは、源氏の棟梁である源頼朝であった。頼朝は、一天萬乗《いってんばんじょう》の至尊である天皇を殺害した。未曾有の犯罪であり、罪業である。しかし日本人のなかで、これを指摘した者はなかった。

平氏が滅び、そして幼少の安徳天皇が入水した壇ノ浦にほど近い、宗像の地で、宗像三女神を奉じ、歴代の地位と名声を保持する宗像大宮司とその周辺において、入水で我が死を早めた安徳天皇に対する、思慕と傾倒、そして冥福を祈り、供養する人の思いが重なる宗像の、その中心となったのが、色定法師であった。

安徳天皇を救うことは、源平合戦における、すべての戦没者を救うことによって、可能となるであろう。すなわち、「中世」の救済者によって、安徳天皇の救済は果たされる。そして色定法師の、四十二年間に及ぶ、一人一筆の「一切経」の書写の完成は、安徳天皇の救済に通ずると同時に、源平合戦の戦亡者すべての救済に結びついた。

色定法師は、「中世」の救済者として登場した。色定法師が歩んだ「道」と、そして色定法師が生涯を通じて、つくりあげた「世界」は、宗像の色定法師が、「中世」の救済者であった事実を語っている。

色定法師は無謀と不埒な、東大寺焼亡に出合い、悲痛と絶望に直面した。しかし間髪を入れず復興の作業が開始される。まず大仏の鋳造がはじまり、つづいてその開眼を迎える。さらに大仏殿が再建され、東大寺が復興した時には、喜悦と慶賀の色定法師が、東大寺に参拝している。東大寺は、心なき平氏のために破壊されたが、東大寺を復興するエネルギーと勢力がまさっていた。

東大寺の再建・復興は、日本の仏教の再建・復興であり、源・平二氏の合戦による、戦没者すべての供養に結びついた、「中世」の救済である。

筑紫の宗像に住み、日本史上、最初で最大の合戦となった源平の争乱の、最後の戦場である壇ノ浦における、悲惨な事態に衝撃をうけた色定法師が、安徳天皇をはじめとする、不運の人びとの救済と、そして混乱の時世に生まれた自身の、安心立命を求め、歩むことになる。「一切経」の、一人一筆の書写の大行であった。

日本人だけでなく、隣国の宋人の支持・応援をうけ、四十二年間をついやして、「一切経」の書写は完成したが、色定法師はこの間、色定法師に近づき、結縁する日本人また宋人をも救ったのである。これが日本の「中世」であった。

鎌倉新仏教の、法然・親鸞・日蓮・一遍らと、同時代ではあるが、色定法師は異なる道を歩いている。

壇ノ浦にほど近い、筑紫の宗像は博多とともに、宋人を迎え入れる市街を形成し、交易で繁昌したが、この宗像と、一人一筆の「一切経」を書写した、宗像社（宗像大社）の色定法師の、「存在」と「業績」に関心をよせる方が、なお増えることを願ってやまない。

注

（1）川添昭二「鎌倉初期の対外関係と博多」（箭内健次『鎖国日本と国際交流』上巻、吉川弘文館、一九八八年）所収

（2）田村圓澄「宗像沖ノ島祭祀の歴史的諸段階」（『九州歴史資料館・研究論集』8、一九八二年）。田村圓澄『日本仏教史』第四巻（法蔵館、一九八三年）所収。

（3）『宋書』巻九十七。夷蛮伝。倭国。

（4）『日本書紀』神代下。第九段（一書第一）

（5）田村圓澄「宇佐八幡の仏教帰依」（『長岡京古文化論叢』Ⅱ、一九九二年）。田村圓澄『古代東アジアの国家と仏教』（吉川弘文館、二〇〇二年）所収

（6）田村圓澄「香春の神と香春岳」（福岡県香春町教育委員会『香春岳』一九九二年）。田村圓澄『古代東アジアの国家と仏教』（吉川弘文館、二〇〇二年）所収。

（7）田村圓澄「天照大神と天武天皇」（『東アジアの古代文化』六七、一九九一年）。田村圓澄『古代東アジアの国家と仏教』（吉川弘文館、二〇〇二年）所収。

（8）『後漢書』巻一一五、東夷伝、倭。

（9）『三国志・魏志』巻三〇、東夷伝、倭人。

（10）田村圓澄「古代遷宮考」（『史淵』九二輯、一九六四年）。田村圓澄『日本仏教史』第四巻（法蔵館、一九八三年）所収

（11）田村圓澄『古代国家と仏教経典』第七章飛鳥浄御原宮の成立（吉川弘文館、二〇〇二年）

（12）田村圓澄「東アジアのなかの日本古代史」（吉川弘文館、二〇〇六年）、二二一頁

（13）田村圓澄『飛鳥時代　倭から日本へ』（吉川弘文館、二〇一〇年）、一〇三頁。

(14) 田村圓澄「伊勢大神・天照大神考」(『東アジアの古代文化』一三一号、二〇〇七年)。田村圓澄『「夜明け前」の日本と朝鮮・中国』(梓書院、二〇一一年)所収。
(15) 田村圓澄『飛鳥・白鳳仏教史』(吉川弘文館・二〇一〇年)、三五五頁
(16) 田村圓澄『「夜明け前」の日本と朝鮮・中国』(梓書院、二〇一一年)、三三頁
(17) 田村圓澄『筑紫の古代史』(学生社、一九九二年)、一七四頁
(18) 源頼朝の東大寺大仏殿落慶供養会参拝などの記事は、『吾妻鏡』による。

附録1

# 色定法師と一人一筆の「一切経」

三帰または三帰依とは、「仏」と「法」と「僧」の「三宝」に帰依することであり、仏教徒としての根本条件であるが、「法」を現しているのが、「一切経」である。経・律・論とその注釈書など、一切の仏教聖典の総称を「一切経」という。仏教経典は元来、梵語、すなわち古代インド語で記述されていたが、紀元一世紀に始まる仏教の中国伝来以降、順次漢訳された。「一切経」は、漢訳された仏教経典である。

さて「経」は釈尊の教えを文書にまとめたものであり、「如是我聞」（私は次のように聞いた）に始まり、「信受奉行」（信受し実行した）で終る。『阿含経』・『大般若（波羅蜜多）経』・『妙法蓮華経』・『大方広仏華厳経』・『阿弥陀経』などである。

「律」は仏教教団の生活規則である。釈尊が出家の弟子の悪行について、その行為の禁止と罰則を規定されたが、その条項を集めてある。「戒」が、出家者、在家者を問わず、仏教に帰依した者の守るべき行為の規則であるのに対し、「律」は出家者の守るべき戒めである。「論」は、インドの仏教学者が著した研究書・教義書である。龍樹の『大智度論』・無着の『摂大乗論』・世親の『浄土論』(『無量壽優婆提舎願生偈』)・馬鳴の「大乗起信論」などである。

「一切経」は、法・律・論のほかに、後人の述作をも加え、時代の推移とともにその内容や分量は増加した。

さて仏教の伝来は、経・法・僧すなわち、礼拝の対象である仏像と、仏の教えである一切経、また仏教の修行者・説法者である僧(尼)の伝来であった。飛鳥時代に、日本に伝えられた一切経は、五〇五八巻(仁壽録)であったと考えられる。印刷術のなかった当時の日本においては、経典はすべて書写するしかなかったが、厖大な一切経の書写は、時間的また財政的に、一個人のなしうるところではない。奈良時代に光明皇后が写経司を設け、あるいは東大寺が写経所を置いて、一切経の書写をしたことなどが知られているが、いずれにしても多くの写経生を擁する組織が、豊富な財力に支えられて、一切経の書写にあたっていた。

一切経の書写が流行するのは、平安時代後期であった。仏教の説くところによれば、釈尊の入滅を起点として、仏法は衰えることになるが、とくに入滅後二〇〇一年目の末法に入ると、仏道に精進する修行者は現れず、また修行の成果である証悟を得ることもできない。さらに闘争堅固が重なり、仏教破滅の危機に直面する。そして永承七（一〇五二）年、入末法の第一年目であると考えられた。

経典を書写して地下に埋納し、釈尊入滅後五十六億万年をすぎ、第二の釈尊である弥勒菩薩が天上の兜率天から人間世界に下生するまでの間、この経典を世の灯にしようとするための経塚が、全国的に営まれるのは十二世紀であるが、一切経の書写の流行も、この時期がピークであった。

東寺の一聖人が京中を勧進し、一切経を書写して白河の小堂で供養したり、松尾寺の神主秦親任が願主となって一族を勧進し、一切経を書写している。これらの例は十を越えるが、すべて複数の人びとが経典の書写を担当している。ただ藤原定信は自筆で一切経を書写し、仁平元（一一九一）年に春日社に奉納した。一切経を書写し終えるのに二十三年を要したという。定信は、三蹟のひとりとされた藤原行成の四世の孫である。『今鏡』は、一切経一筆書写の藤原定信を、「たゞ人ともおぼえ給はず、世になきことにこそ侍するめれ」と評している。

藤原定信の時代より半世紀後に、しかも都を遠く離れた筑前の宗像において、「一切経一筆書写行人」が現れた。色定法師である。色定法師は、筑前宗像郡田島社（宗像社第一宮）の座主兼祐の子であり、その名を良祐、経祐、栄祐と称し、最後に色定と改めた。

宗像社に唐本の一切経があった。色定がこれを原本とし、一人一筆の一切経書写を発願したのは、文治三年（一一八七）年である、二十七歳のときであったという。安徳天皇を奉じ、平氏一門が長門の壇ノ浦で滅んだ二年後のことであった。

建久元（一一九〇）年から、同二年にかけて、色定は田川郡の彦山に滞在し、彦山権現の霊水で経典を書写している。彦山霊仙寺の一切経をテキストとしたのであろう。糟屋郡の香椎報恩院、筥崎の南経本蔵においても書写している。建久六（一一九五）年に上京し、綾小路の北、猪隈より東の千乗禅房を宿所とし写経を続けたが、また建永二（一二〇七）年には長門関（下関）、安芸の大方・小方、備後の立毛、讃岐、淡路島、紀伊を廻り、写経をしている。

ちなみに、建永二年には、七十五歳の法然上人が、専修念仏興行の責任を問われ、四国の土佐に流されることになった年である。

色定法師が、五〇四八巻の一切経の書写を終えたのは、安貞二（一二二八）年三月であった。色定法師は六十八歳であり、写経を初めてから、四十二年間が経過している。一カ月間で平均十巻を書写したとすれば、三日間で一巻の割合で書写したことになる。三日間や十日間の写経は、かならずしも困難であるとはいえないであろう。しかし四十二年間の長期にわたり、写経一途の道を選んだのは、凡人のなしうるところではない。

では、色定をしてその生涯を傾け、一切経書写に駆けさせたのは何であったか。

色定法師の一切経には、巻尾に識語がある。そこに、「慈父座主兼祐」「悲母藤原三子尼妙法」と書かれ、また慈父と悲母の「為成仏徳道」が願われている。色定は二十歳代の後半で、両親と死別し、その追善のために、一切経書写を発願したのであろうか。

色定の一切経書写を財政的に援助した人があった。宋人の綱首張成もその一人であった。綱首の「綱」は貨物をいい、「首」は統領であり、つまり船を持ち、日宋貿易に携わった商人のことであった。綱首張成は、承元五（一二一一）年の初めになくなったようであるが、そのころまで経主、すなわち檀越・施主として、各経典書写の経費を負担している。綱首李栄は墨檀越と記されている。色定法師が、一切経書写にあたり、使用した墨を寄進したのである。この頃の博多には、「大唐街」という宋人の居住区があり、また「宋人の百堂」もあった。博多・筥崎辺の宋人の家は、千六百を数えたという。これらの宋人の多くは、日宋貿易の関係者であった。博多三刹のひとつの承天寺を建立した宋人の謝国明も、綱首であった。

なお、色定法師と同時代の、宗像大宮司であった宗像氏実の妻の王氏、また氏実の長子であった権大宮司氏忠の妻の張氏は、いずれも宋人であった。宋船の出入りで賑わった鐘崎・江口・新宮は宗像社の領地であり、宗像大宮司家も日宋貿易に関与していた。中世の浄土教家の耳目を集めた阿弥陀経石が、宋から直接宗像に運ばれて来たのも、不思議ではない。

宗像と宋との間には海上のルートが設定されており、双方から人びとが往来していた。中世の宗像は日宋貿易の一大中心地であり、そして色定は、宋の人びとに接し、またその刺激を受けていた。色定の人柄を別にすれば浩瀚《こうかん》な一切経の書写を発願し、また書写が成就しえたのは、色定が宗像に生まれ、宗像に居住していたからであったと思われる。

色定は、経典の各巻の書写が終ると、原本と対校し、文字の誤りを正す作業をしている。巻尾に「自一交畢、他一校畢」と書かれているのは、色定自身が一回校正し、他の人が一回校正したことを示している。各巻ごとの校正は、必ずなされた。

興味をひくのは、宋僧が校正していることである。たとえば、『阿毘曇毘婆娑論』巻五十六の奥書によると、「勧首住外湯院伝法賜紫娑門恵光」ら六名の宋僧が、校正に加わっている。宋僧による校正は、建仁二（一二〇二）年、元久元（一二〇四）年、建保三（一二一五）年の書写の経典になされており、そのころ宋僧がグループで来日したと考えられる。これらの宋僧は、約十五名を数える。想像を逞しくするならば、これらの宋僧はかねてより、色定の一切経書写のことを知らされてており、結縁助成のために、来日したのではなかろうか。

「一切経」の書写を発願し、生涯をかけて完成したのは、色定法師であった。そして「一切経」書写の色定法師を援助したのは、日本人であり、そのほかに宋人も加わり、そして宋僧が加わっている。いわば国際的な同心協力によって、「一切経」の書写は完成したといえよう。日本における「一切経」の書写において、ほかに類例をみないことであるが、これが実現した要因は、色定法師が宗像で生まれ、終生宗像社の社僧であったからであろう。

仁治三（一二四二）年に、色定法師は、八十三歳の生涯を閉じた。親鸞聖人が亡くなる二十年前であった。

色定法師書写の「一切経」は、宗像社の傍に一堂を建て、ここに安置された。

元禄十五（一七〇二）年に洪水があり、四六〇〇巻（この時までに四四八巻が虫損などにより紛失）のうち、一二〇〇余巻が浸水し、二三〇巻が破損した。昭和三十二（一九五七）年の調査では、四三三一巻の存在が確認されている。

附録2

# 色定法師と平清盛

今日こちらの会場へ来るのに乗ってきたタクシーの中で運転手さんと、いったい日本はどうなるのでしょうかという話になりました。この国がこれからどうなるかは、日本人だけで決めることはできません。経済にしても、金融にしても、貿易にしても、一切合財が世界の流れの中で動いていて、日本もそれに従っていくしかないのですから、日本だけがどうこうすることはできませんね、とお答えしました。

新聞を開いても、明るい記事はあまり書いてありません。私は、日本がこれからどうなっていくかも大事ですが、日本人一人ひとりが、思いやりの心を持つことができればと思います。例えば男性は女性をもう少し重んじてほしい。お年寄りや幼児を大事にする。いわば日常生活の中の道徳についてですね。こういう日本になるということで、総理大臣も消費税などの演説のほかに、日本人が歩む道、日本人が望む人間の心のあり方などについて、お話をしていただければと思います。

今日は色定法師《しきじょうほうし》のお話をさせていただきたいと思うのですが、色定法師の時代と現代の日本の現況とが、何か引っ掛かるものがあるのです。日常生活がお互いにうまくいかない、そういうときに誰かが人の歩む道を開いてくださるのです。

## 仏教と仏教史の違い

ところで、この講演会でお話をされている諸先生の中には、仏教の話をする人と、仏教史の話をする人がおられます。仏教と仏教史とは違うのです。仏教の話というのは言ってみれば、ありがたいお話です。自分はいかにして仏さまに近づき、仏さまのお慈悲にあずかり、仏さまに導かれて一日一日充実した生活ができるかというのが、仏教のお話です。

仏教史の話は、そうではないのです。仏教の歴史を振り返って、昔はどうであったかというお話です。そこには自分はないのです。たとえば色定法師という方がどういう道をたどられたかという話です。仏教史には過去の人は存在しますが、自分は存在しないのです。

私がこれから皆さんに聞いていただく仏教史のお話の中に、私自身は出てきません。あるのは昔の人だけです。仏教の話のように、自分がいかにあるべきかという話は、私にはできないのです。難しいですよね、私は自分自身を持て余しているような者ですから、人にこうしなさないなどと言うことはとてもできない。私にできるのは、昔の仏教者はどうであったかという事実を明かにすることです。

今回のテーマである色定法師と平清盛にしましても、もし私が小説家であれば、自分の思うような人物像を創作することができるでしょう。しかし仏教史を語る場合は、事実に反することは言えません。事実でないこと、またつくりごとは書くことができないのです。だから私は事実だけをお話しします。この場合、そこに自分を入れることは、あってはならないのです。仏教史の中においては、いま生きている人は存在しません。求められるのは事実だけであるということです。私はその事実だけを明かにしようと思っています。

今、NHKの大河ドラマで「平清盛」をやっています。このドラマのすべてを私は見ていないのですが、評判は良いようです。しかしこうしたドラマには欠けているところがある気がします。平清盛の時代は源平合戦で人と人とがぶつかりあい、殺し合いをしていました。しかし戦乱の世の中においては戦う人だけが存在するわけではないのです。その合戦に加わる人には家族がある。親戚もある。殺し、殺された人たちがどんなに悲しんだでしょう。そういう人たちの様子はふつう描かれないのです。戦いが終わった、そこにどれだけの人が歎き悲しんでいるでしょうか。それを明かにするのが歴史なのです。

馬に乗った武士が、相手の首をはねて勝利した、それだけをドラマが見せるのであれば、私はそれは事実ではないと思います。うわべにすぎません。その勝利の裏でどれだけの人が死んでいるでしょうか。そこにどれだけの悲しみ、不幸があったでしょうか。戦争の歴史を語る場合は、人と人とが互いに殺し合って勝ちどきをあげる前に、双方の家族は、自分の夫を、自分の父親を、あるいは息子を失っているのです。その悲しみが抜けているのではないでしょうか。

皆さんは法然上人をご存じでしょう。親鸞聖人や日蓮上人や一遍上人もご存じでしょう。こういう人たちはちょうど、今お話しする宗像《むなかた》（福岡県宗像市）の色定法師と同時代の人なのです。こうした上人は、今までかえりみられなかった当時の民衆を相手に教えを説いているではないですか。こういう上人は、それ以前には、あまりいなかったのです。民衆とは常に、そういう悲しみの中に放り出されて、自分の夫や息子が殺されても文句は言えない。こうして悲しんだ人たちの相手になったのが、法然上人や親鸞聖人、日蓮上人、一遍上人だったのです。くり返しますが、作家はどんな発想によって書いてもいいのです。しかし歴史を考える者は、それはとらないのです。

## 殺生は最も重い罪

色定法師が活動されたのは、ちょうど『平家物語』の時代です。『平家物語』の中に流れているのは、比叡山延暦寺の天台宗の教えです。もちろんそれだけではありませんが、当時の比叡山延暦寺というのは、今の大学のような学問・文化の中心であり、智慧ある者がたくさん集まっており、それが日本の思想や文化に主導的な影響を与えていたのです。

紫支部が書いた『源氏物語』は、この『平家物語』よりも百年ほど時代はさかのぼりますが、仏教の思想が深く入り込んでいることは、改めて言うまでもないでしょう。最後の「浮船」の巻で、二人の貴公子と結ばれ、心迷った浮舟が宇治川から身を投げる。それを救ったのは横川《よかわ》（比叡山延暦寺）の僧都《そうず》でした。『源氏物語』には仏教がそういう形で、個人の救済の役割を果たした記事が見られますが、それと同じように、『平家物語』にも仏教の影響が現れています。

『平家物語』の冒頭に、「祇園精舎の鐘の声、諸行無常の響あり。沙羅双樹の花の色、盛者必衰のことはりをあらはす」の偈《げ》があります。要するに、威張っている者はだめだ、昔の平氏もあんなに威張っていたのに、結局滅んでしまったと書いてあるのです。

しかし私はこれにいささか文句があるのです。平氏が滅んだのは欲張りで我がままだったからなのか。私はそうは思いません。誰が平氏を滅ぼしたのかというと、源頼朝です。源氏はもっと多くの人を殺していますす。それなのに、頼朝が悪いとは一言も書いていないのです。『平家物語』は、琵琶法師が琵琶の演奏にのせて物語ったものでしょう。そうすると力の強いほうに遠慮して、語られなかった部分があるのだろうと思います。

仏教では、生きものを殺すのが何よりも悪いことです。五悪や十悪などと数え上げるときに初めに出てくるのが「殺生」です。しかも、人間が人間を殺すのは悪いことだと仏教では教えられている。それをやったのが源頼朝ではないですか。しかし『平家物語』はひと言も頼朝の悪業については言っていない。もちろん物語を楽しむのであれば、それでいいのです。けれども、歴史的にいうならば、あの時の源頼朝の殺生を仏教の立場から批判しなければならないと思います。

あの当時、最も悪いことをしたのは誰か。『平家物語』を読むと、それは平家が悪かったと書いてあります。けれども仏教から見れば、頼朝が一番の悪者です。最後まで生き残ったということは、他を皆殺ししてきたということです。きっと頼朝自身がその罪の重さに苦しんでいたはずです。この頼朝を救う人がいなくてはならない。それが色定法師という方だったのではないかと思っているのです。

## 海の神様を祀る神社

色定法師（一一五九—一二四二）は宗像大社《むなかたたいしゃ》の社僧兼祐《けんゆう》の子で、「一切経」五〇四八巻を一人で書き写したことで知られています。四十二年間をかけて、色定法師が書写された「一切経」四三三一巻の実物が現存しています。

色定法師の話をするには、まずは宗像大社（福岡県宗像市）について、お話をしなければなりません。

海の神様として三つの御社が、現在の福岡市を中心に存在しています。

一つは志賀海神社（福岡市東区志賀島）です。海の神様の綿津見《わたつみ》三神が祀られています。神主家の阿曇《あずみ》家は、古代からの筑前の名族です。

次の住吉神社（福岡市博多区住吉）は、大坂の住吉大社と同じ、底筒男《そこつつのお》・中筒男《なかつつのお》・表筒男《うわつつのお》の三神が祀られています。

そして宗像大社です。宗像大社では、田心姫神《たごりひめのかみ》、湍津姫神《たぎつひめのかみ》、市杵島姫神《いちきしまひめのかみ》の三女神が祀られています。田心姫神の「たごり」は身を清めるということです。湍津姫神の「たぎつ」は、たぎる、沸騰するという意味で、海の水が岩にかぶさって波になる様子を言うのではないかと思います。市杵島姫の「いつく」は、身心のけがれを浄めて、神につかえることです。宗像の三女神は、沖ノ島・大島・田島（いずれも宗像市）の三宮で祀られています。

## 宗像の神を厳島へ遷して

次に、一の谷の合戦から壇ノ浦の合戦までのつづきを見てみたいと思います。現在の神戸市須磨区に一の谷という場所があります。清盛が亡くなった次の年に、木曽義仲が頼朝の命に反して京都に乗り込もうとしました。平宗盛は幼い安徳天皇を奉じて屋島（香川県高松市屋島）に逃れています。ところが、木曽義仲は源氏の一味でしたが、源義経にやられて、粟津（滋賀県大津市粟津町）で殺されました。屋島にいた平氏の者たちは、京都に戻ることができますので、まず福原（神戸市兵庫区）にある平氏の根拠地に移りました。その時に、頼朝の命を受けた義経が夜襲をかけて、平氏はやられてしまうのです。

「青葉の笛」という歌の歌詞に、「一の谷の軍《いくさ》やぶれ　討たれし平家の公達《きんだち》あわれ　暁《あかつき》寒き須磨の嵐に　聞こえしはこれか　青葉の笛」とあります。。源氏方の熊谷次郎直実が平敦盛を討ち取ってみると、自分の子息と同じくらいの少年でした。しかも笛を持っている。これまで聞こえていた笛の音はこれだったかと、あわれを感じたといいます。直実はのちに出家し、法然上人の弟子になります。

平忠度は、「行き暮れて木の下蔭を宿とせば花や今宵の主ならまし」と詠んだこの歌を、次に歌集を作るときに入れていただきたいと藤原俊成にあずけたといいます。

この一の谷の合戦で平氏は敗れ、再び屋島に戻ったところをまた討たれて、さらに西へ移ることになりました。ここで言わなくてはならないのが、厳島《いつくしま》です。

ＮＨＫの大河がドラマでもしばしば安芸の宮島（厳島）が登場していると思いますが、あそこには誰が祀られているのでしょうか。厳島は「市杵島」なのです。つまり、田心姫神・湍津姫神・市杵島姫神の宗像の三女神が祀られているのです。宗像の三女神は海の神様でした。平安時代の初め頃といわれていますが、宗像三女神をここに遷して瀬戸内海の海上交通の神様としたのです。

この厳島を深く信仰したのが、平清盛でした。清盛は六回、厳島にお参りをしています。清盛の弟の頼盛は二十回、厳島にお参りをしています。

そしてよく知られているのが「平家納経」です。清盛を中心として平家一門の人が、『法華経』『無量義経』『観普賢経』『般若心経』『阿弥陀経』を写経し、平家一門の栄華を反映する善美の限りをつくした装飾を施し、厳島神社の本地仏である大願寺の十一面観音に奉納したのです。厳島には今も五重塔や多宝塔があるでしょう。そこが大願寺です。

九州の宗像大社が祀っている三女神をお迎えして造られたのが厳島神社であるとすると、厳島を崇敬した平氏が、宗像社に対して知らん顔をしていたと思いますか。私はそうは思わないのです。

当時は日本と宋《そう》との間で貿易をしていて、これに熱心だったのが平清盛でした。この日宋貿易では宋の商人が日本に来たのであって、日本から船を出して物を売りに宋に行ったのではありません。

ついでに言いますと、宗像社の大宮司の妻は王《おう》氏、その息子さんは張《ちょう》氏でした。宗像の神様を祀っている中心人物の奥さんが、なんと日本人ではなくて、宋の女性だったのです。いかに宗像氏が宋との交流や貿易に深く関わっていたかを語っていると思います。もしも平清盛が宋との貿易に熱心であったことを言うのであれば、同時代の宗像社の宮司の奥さんが宋の人であった事実を言わなければならないでしょう。どちらの方が宋との交流が深かったか。宗像氏ではないですか。これが事実なのです。

宗像の宮司の奥さんになった宋の女性は、日常の言葉はどうしたのか、どうやって話をしたのかと疑問に思うかもしれませんが、心配はいりません。奥さんになった人は始めから、日本語が達者だったのです。そのころの日本にいた宋の人と日本人は親しかったのです。宗像氏が宋から入手した当来の否がいくつも現存しています。狛犬や著名は阿弥陀経石などは、宗像大社の神宝館に陳列してあります。

博多や宗像に宋の人が居住し、その宋人と日本人とか親しくしていた時代に出てきたのが、色定法師でした。これが大事なことなのです。なぜなら、色定法師は、日本人だけでなく、宋の人々とも親しくしていたからです。

## 戦いに加担しなかった

一の谷、そして屋島で敗れた平氏がいよいよ意を決して、壇ノ浦（下関市壇ノ浦町）に移ることになりました。平氏はここで源氏と最後の戦いをすると決めたのだと思います。源氏方が豪族から集めた船は八百艘、平氏が集めた船は五百艘と考えられています。宗像氏も船を持っていました。平氏としてはただの船ではなく、戦闘員を乗せた軍事力としての船を求めたと思います。ところが、これに関した記録がないのです。つまり宗像氏は平氏に船や軍事力を提供しませんでした。源氏からも頼まれたはずですが、そちらにも出さなかったのです。

なぜ出さなかったのか。それは宗像大社の神が女の神様であるということと、もともと戦いをしないという、宗像氏が伝承する一つの信念があったのではないかと私は思います。自分たちはいかなる戦争にも参加しない。源氏にも平氏にも加担しない。平和を維持する、これが宗像の三女神の伝統であり、根本であったのです。

宗像氏は平氏にも源氏にも、軍事力を提供しなかった。これがよかったのです。どちらかに出していたとすれば、あとでえらいことになったでしょう。くり返しますが、宗像氏には今までそういう戦闘に関与しなかったという信念と伝統があったのです。

いよいよ壇ノ浦で戦いが始まりました。そして平氏は壊滅し、断絶することになります。満六歳四カ月の安徳天皇は、平清盛の妻の二位の尼時子に抱かれて壇ノ浦の海中に入水する。この場面を『平家物語』は悲しく描いています。

壇ノ浦の戦いに対して、どちらがどうなったかに強い関心を持ったのは誰だったと思いますか。電話もテレビもない当時、壇ノ浦のこの痛ましい状況を案じていて、しかも安徳天皇があいうかたちで亡くなられたことに衝撃を受けたのは、宗像氏ではなかったでしょうか。宗像氏はどちらにもつかなかったのです。しかし幼い安徳天皇を含めて、平氏が滅んだことに強い衝撃を受けた豪族こそ、宗像氏でした。

京都から壇ノ浦まで片道で二十日ぐらいかかります。平氏が滅んだということも大事だけれども、天皇までもがなんとも痛ましい最期を遂げられた。安徳天皇の母君である建礼門院は、一旦は海に飛び込んだけれども救い上げられ、後に京都の大原で庵を結び、そこで一生を終えられました。とにかく、このとき一番深い衝撃を受けたのは、宗像氏であったと考えているのです。

宗像氏は、戦争のない世界を求めていたのに、結果的にはあんなことになってしまった。あとで苦しみ悩んだのではないでしょうか。私はこの中の一人が、色定法師だと思っているのです。色定法師はこのたびの戦争に対して、双方ともこういうことがあってはならないということを念じていたにちがいないと思います。

## 「一切経」の書写を支えた人々

もう一つ大事なことがあります。この時この衝撃を受けたのは日本人だけではなかったのです。当時の博多や宗像に宋の人たちがかなりいました。日宋貿易の人々です。今津（福岡市西区今津）が日宋貿易の日本側の港でした。宋の港は、臨安《りんあん》（浙江省杭州）でした。

日宋貿易は実際どういうふうだったかというと、博多に宋人の居住区があったという記録があります。宋人の家が千六百あったともいわれ、「大唐街」と言われるほど華やかな街でした。宋人は家族とともに住んでいる自宅とは別に、お客様などをお迎えしてご馳走をする「宋人百堂」という門付きの独立した建物を、それぞれ構えていました。

宋人は代々そこに住み着き、そこで商売をしていました。まだ貨幣経済の時代ではなく、物々交換の時代でしたから、こういうものが欲しいとあらかじめ注文を聞いておき、その品を取り寄せるのです。船が着いた時にそれをおろし、注文をした日本人に渡す。そうやって宋の人たちは日本で暮らしていたのです。そうするうちに彼らに子どもができる。日本人との間の子もあったでしょう。おそらく宋の人たちは代々、居住区に住んでいるのですから、日本語でしか話ができなくなっていき、肝心の自国の言葉を忘れてしまう。そんな女性が後に、宗像氏の奥さんになっていったのだと思います。

色定法師は生涯をかけて五〇四八巻の「一切経」を書写しています。これは『法華経』であれば八巻、『阿弥陀経』であれば一巻というように、一巻ごとに巻物にして、それが五〇四八巻で「一切経」になります。色定法師が「一切経」を書写する時に、料紙がいる、墨がいる、筆がいる。それを誰が負担したかというと、宋の人たちだったのです。このことは書写された「一切経」の後書などに書かれています。

色定法師はこの「一切経」を二十七歳の時から書き始めて六十八歳まで、およそ四十二年間かかって書写が完了しました。その間、宋の人たちが援助したのです。人は入れ替わっていますが、日宋貿易で日本に来た宋の人であることは間違いありません。

色定法師はどうしてこの「一切経」を書写されたかといいますと、あの壇ノ浦の衝撃、特にまだ幼い安徳天皇があぁして亡くなったこの悲しい現状に対して、衝撃を受けたからです。それは日本人だけではなくて、たくさんの宋の人たちも同様だったのです。その宋人たちが、この「一切経」書写の財政的な援助をしたのです。これはどういうことかというと、つまり色定法師の「一切経」書写は国際的な仏事であったのです。

色定法師によって書写された「一切経」には、この墨は誰が寄付した、この筆は誰が寄付したと書いてあります。日本人の名前は出てきません。それは当たりまえだから書かなくてもなかったのでしょう。色定法師の「一切経」の書写のが終わりに近づいた頃、十五人の宋の僧が、書写した文字が間違っていないかなどの校正のために宗像に来ています。色定法師の「一切経」は宋の人にもよく知られていたのです。色定法師による「一切経」書写の行善を支えたのは、京都や奈良の人ではなく、宗像を中心とする地元の人たちと、そして異国の宋の人たちであったのです。

## 「罪深い物とは会わぬ」

平清盛が亡くなる一年前に、子の重衡が奈良を攻めました。南都の東大寺と興福寺が平氏の言うことを聞かなかったからとの理由で、一挙に焼いてしまったのです。東大寺は大仏殿が燃えてしまい、大仏の首が落ちました。興福寺は伽藍の大半を失います。後白河法皇はすぐに東大寺を再建しようと決意して、源頼朝も援助を承知します。頼朝は平氏が焼亡したことだからというので、力を入れて再建するわけです。

東大寺の復興には重源《ちょうげん》という僧が活躍します。東大寺は、東大寺の者が自分たちで建て直すのではなく、他の僧、つまり重源が勧進役として日本中を駆け回って、一般の人にも呼びかけて寄付を募りました。東大寺の創建は、聖武天皇がお建てになったと言われますが、実際は貴族をはじめ一般の人の寄進、合力で出来上がったのです。

東大寺の大仏殿は巨大な建物ですから、用材も格別の大木が選ばれます。周防国、今の山口県に大きな木がありました。その周防の国司となった重源が、地元の豪族に用材の提供を命じましたが、その豪族は承知しませんでした。これを聞いた鎌倉の頼朝はその豪族を厳罰に処したと、当時、摂政であった九条兼実の日記の『玉葉』に書かれています。私は若い時に『玉葉』のこの記事を読んでびっくりしましたが、それだけの力を頼朝は持っていたのです。

鎌倉の源頼朝は生涯において二度、京都に来ています。一回目は、弟の義経と仲が悪くなっていた頃、義経をかばった奥州の藤原氏を滅ぼしてしまいました。これによって日本全国が完全に頼朝の支配になったという時に、頼朝は初めて京都に来たのです。そして後白河法皇から権大納言にしてもらった。しかし、かれは征夷大将軍の職が欲しかったのです。後白河法皇はこれを与えなかった。権大納言と右近衛大正の職が与えられましたが、頼朝はこの二つの職を辞し、鎌倉に帰りました。

もう一回あります。平重衡によって焼かれた東大寺復興の技術指導にあたったのが、宋の陳和卿《ちんなけい》でした。陳和卿は宋人の鋳物師を率いて、四年かかって大仏の仏塔を鋳造しました。再び陳和卿が建築の指導者となり、十年をかけて大仏殿を再建します。建久六（一一九五）年三月に東大寺大仏殿が完成し、大仏殿落慶供養会《らっけいくようえ》が行われることになり、この法会に結縁するため、頼朝は奈良へ来たのです。

頼朝は万を超える兵を引き連れて東大寺の供養会に臨みました。『吾妻鏡』には鎌倉幕府の事績が記録されていますが、このとき頼朝が率いた部隊の編成まで詳しく書いてあります。妻の北条政子らを連れて、院家の東南院（現在の東大寺本坊）に泊まったと書いてあります。東南院に泊まった源頼朝は、宋の陳和卿が東大寺の大仏と建物を元どおりに復興してくれた御礼を言わなければならないと思って、重源を使者にして陳和卿に面会を申し出るのですが、その時に陳和卿は頼朝の申し出を断ります。今までに頼朝は多くの人を殺しており、罪業が深い。自分はそのような罪深い人とは会いたくないと言って断ったのです。

頼朝が大きな力を持って平家を滅ぼし、日本を平定した。そのためにあなたはどれだけ多くの人を殺したのか。陳和卿はそれをよく知っていたのです。そういう罪の深い者とは会わないと陳和卿が言ったと『吾妻鏡』に書いてありますから、事実です。日本人は源頼朝に対してとてもそんなことは言えなかった。しかし宋人の陳和卿がそう言ったのです。頼朝は落涙したとありますから、自分の犯した罪に対して、かねてから苦しんでいたことがわかるでしょう。頼朝は結局、陳和卿に会えずに鎌倉に帰ります。

ここに頼朝という人の本当の姿がおわかりいただけたと思います。武人としてはじめて天下をとったのですが、多くの人を殺している。しかし、それを非難する日本人はいなかったのです。

## 東大寺復興に結縁

色定法師書写の「一切経」のあとがきに、建久六年二月に色定法師が京都に行っていることが記されています。芦屋（福岡県遠賀郡芦屋町）から宗像氏の船に乗って上京します。京都の綾小路の北の千乗禅房に泊まったと記されてあります。その年の三月に東大寺大仏殿落慶供養会が営まれていたのです。何のために行ったのでしょうか。私は、色定法師が東大寺大仏殿の落慶供養会に結縁するために行かれたのだと思っています。同じ年の一カ月前ですから、これは間違いないと思います。

平重衡による東大寺・興福寺の焼き討ちによって、日本の仏教は滅んだと歎き悲しんだということが、当時の貴族の日記などに出てくるのですが、東大寺は十五年かかって、みごとに復興しました。現在の東大寺の南大門はそのときの再建の建造物です。

東大寺の復興に結縁するために、宗像の色定法師が南都に行かれたというのは、やはりただの人ではないのです。東大寺は日本仏教の仏殿であり、根本の伽藍です。日本の仏教がこれで立ち直っていくという安心と確信を与えてくださった、その復興に自分は結縁するのだという。色定法師はまだその時点では「一切経」の書写を完成させていなかったのですが、やはりその当時からしても、我々が考える以上に深く、広いお考えを持っておられたのではないでしょうか。宗像の色定法師の名前は宋の国の人たちの間にもとどろいているのです。そして色定法師は東大寺の復興をまったく自分の喜びであり、しあわせであると考えておられたのです。

ですから、色定法師は日本と宋とを結びつけた人であり、我々が考える以上に、国際的な役割を果たされたといえます。なぜなら、「一切経」書写の慈悲行により、あれだけ多くの宋の人と日本人とが結びついて、その大きな力による人々の救済を考えておられたのです。あの当時、あからさまに平氏の追善などと言い出したら、鎌倉の頼朝から何をされるかわからない。だから黙々と「一切経」書写をつづけられたのだと思います。「一切経」を書写することによって、内外の人々の心をつないだのです。日本の中世の歴史をかえりみて、これだけの広い範囲で活動した人はほかにいません。これだけ広い地域、多くの人々から援助を受けた人はいないのです。

色定法師はあの法然上人や親鸞聖人と同時代の人ですが、遠いところを見渡し、人の心の中までも深くお考えになった方だった。やはりただの人ではなかったと思っています。宗像の色定法師のことをもっと多くの人に知ってほしいと、声を大にして言いたいと思っているのです。

平清盛にしても、色定法師が救っているのです。平氏を救い、安徳天皇を救っている。色定法師書写の「一切経」は、五〇四八巻のうち四千巻ほどが現存していて、今は宗像大社に保管されています。機会がありましたら、ぜひご覧いただき、こういう方が八百余年前の宗像にいらしたことに、思いをはせていただければと思います。

このお話は、二〇一二（平成二十四）年五月二十五日に開催した在家仏教協会福岡講演会の筆録に加筆訂正したものです。

（「在家仏教」二〇一二年十一月号）

# 追悼・田村圓澄先生

# 追悼・田村圓澄先生

九州大学名誉教授　川添昭二

田村先生が京都市立西京高等学校教諭から九州大学文学部助教授に転じて来任されたのは、昭和三十二（一九五七）年五月のことである。博多駅頭に颯爽たる先生をお迎えしたのが、昨日のことのようである。

九州大学での講義は、先生の名を高からしめた中世仏教ではなく、古代仏教から始められた。昭和四十一（一九六八）年、文部省在外研究員として、カリフォルニア大学（バークレー・アメリカ）、ロンドン大学（ロンドン・イギリス）に一年間留学。国際的な視野を広げられた。私はこの頃『九州大学五十年史』の編纂に専従しており、文学部の講義も担当していた。昭和四十三（一九六八）年七月、先生は教授に昇任。翌年一月、私は助教授となり、先生が九州大学を退職されるまで、行を共にすることが多く、種々示教にあずかった。

先生は九州大学での研究・講義を仏教伝来から始められ、昭和四十四（一九六九）年には著書『飛鳥仏教史研究』（塙書房）を刊行されている。日本仏教史の欽明期の前段階である朝鮮仏教を学ぶべく、昭和四十六年四月、五十四歳で朝鮮の地を踏まれ、以来訪韓は三十回を越えている。こうして、九州大学での研究・講義は定年まで続くことになる。

昭和五十五（一九八〇）年三月、九州大学を定年退職され、その六月には著書『古代朝鮮仏教と日本仏教』（吉川弘文館）を刊行されている。昭和五十七年、五十八年には『日本仏教史』全六巻を刊行。田村仏教史の全容を公にされた。田村先生を九州大学に招かれた竹内理三先生は、同書の推薦文の中で「とくに韓国史家と連帯してなされた飛鳥仏教と古代朝鮮仏教との交渉史の研究は、他の追従を許さぬものがある」と書かれている。

先生は、九州大学を定年退職後、熊本大学文学部に勤められ、翌年、九州歴史資料館長になられ、十一年間勤めておられる。平成四（一九九二）年三月、同職を勇退されるとき、「太宰府という壮大な研究テーマに挑戦できて、最高の思い出ができた」と述べておられる。この間のご活動をいちいち挙げる余裕はないが、まさに八面六臂の大活躍であった。そのころ私は『太宰府市史』の編集委員長として実務を進めており、竹内理三先生編纂の『大宰府・太宰府天満宮史料』の補正作業をしていた。

先生には、職場の上司、大学の先輩として種々ご交誼を頂いたが、私を制約されるようなことはまずなかった。いつのことであったか、二人で道を歩きながら、私が学生某君のことについて、「今少し勉強してくれたら」などと言うと、先生は即座に「長い目で見てやりなさいよ」と言われた。

平生、先生と接していて、いわゆるエリート意識を感じることはなかった。より根源的には人間性の問題であろう。よく、先生にはファンが多かった、と言われるが、その基づくところは、ここにあろう。

先生について語るべきことは多いが、一つだけ付け加えておこう。先生から言われて、成程と合点したのであるが、自分は物忘れがひどいから、ということであった。それも研究熱心からくるものであったろう。

最晩年、博多のことなど、手紙や電話でお尋ねがあり、種々にお答えし、よろこんで頂いた。

# 田村圓澄先生を偲んで

五流尊瀧院第三十七代住職・日本山岳修験学会名誉会長　宮家　準

（一）

日本山岳修験学会の初代会長・名誉会長の田村圓澄先生は、平成二十五年七月十日午前六時十六分肺水腫のため、福岡県新宮町の病院で九十六歳でお亡くなりになった。葬儀は近親者のみでなされ、同月二十八日午后福岡市駅前のベルコシティホール博多でお別れの会が行なわれた。本学会からは花輪と弔電をお届けし、顧問の長野覺先生が本学会を代表して参加してくださった。

田村圓澄先生は大正六年に奈良県高市郡八木町（現橿原市）で、浄土宗国分寺住職田村澄善師の次男として誕生された。畝傍中学、仏教専門学校（現仏教大学）をへて、昭和十三年に九州帝国大学法文学部国史学科に進まれ、長沼賢海教授らの指導を受けられた。卒業論文は『徒然草の思想』で、その後の九大副手として本居宣長を研究された。戦争中は海軍の軍司令部報道班に属された。戦後の昭和二十一年に、同じ浄土宗門で中国仏教の権威の塚本善隆京都大学教授の長女の清子嬢と結婚され、京都大学の大学院に進学し、「法然上人伝の研究」を研究課題とされた。そして、昭和三十二年、九州大学助教授に就任され、古代仏教の研究に専念された。昭和四十一年には文部省在外研究者として、米国・英国に留学され、昭和四十三年論文「法然上人伝の研究」により、九州大学から文学博士の学位を授けられている。

昭和四十四年頃からは日本仏教研究には古代朝鮮仏教の研究が欠かせないと考えられ、爾来三十数回も韓国を訪れて、研究を進められた。その成果は昭和五十五年の『古代朝鮮仏教と日本仏教』吉川弘文館などに結実している。また昭和五十八年には法蔵館から『日本仏教史』全五巻、別巻一巻を刊行された。この間、熊本大学、佐賀大学、鹿児島大学、山口大学、香川大学、東北大学などの講師を兼任され、昭和五十二年九州大学定年後は同大学名誉教授となられ、熊本大学教授に就任された。

当時北部九州では、重松敏美先生の求菩提山、長野覺先生の英彦山、中野幡能先生の六郷満山や宇佐八幡、同じく中野先生と森弘子先生の宝満山など修験霊山の研究が進展していた。そして求菩提資料館の重松敏美先生の働きかけで田村先生を会長に戴いて、西日本山岳修験学会が結成され、発会式を兼ねた第一回の学術大会が昭和五十五年十月に、求菩提山麓の豊前市で開かれた。田村先生は翌五十六年四月には九州歴史資料館長に就任され、五十七年には朝日新聞西部本社が主催した英彦学術調査指導委員会委員長になられ、その深い学識と広い人脈を生かされて西日本山岳修験学会の確立に尽力された。同学会は昭和五十六年に第二回大会を豊前市、翌五十七年に第三回を太宰府天満宮西高辻信貞宮司の協力を得て同社で開催した。そして昭和五十八年の阿蘇山西巌殿寺での第四回大会の総会で全国学会への展開をめざして、会名を「山岳修験学会」と改称し、昭和五十九年の第五回大会を比叡山、六十年の第六回大会を日光山で開催した。なおこの昭和六十年には、念願の機関紙「山岳修験」が創刊された。その「創刊の辞」で田村先生は、「修験道成立の研究には古代中国の民俗宗教である道教や古代朝鮮半島諸国の民間信仰とのかかわりに注目すること、修験学、修験道史の研究には歴史学、民俗学、宗教学はいうまでもなく、地理学、考古学との協業と国際的であることの必要性を説かれている。

（二）

私が田村圓澄先生に直接お目にかかったのは、昭和六十一年の第三回羽黒山大会の時である。長野覺先生から「山岳修験」の創刊号をいただき、羽黒山大会での講演を依頼された。そこで丁度その前年にあった米国のウィスコンシン大学での日本仏教の国際会議で発表した

「修験道と新宗教」の原稿をもとに話させていただいた。その後私が編集した『修験道辞典』をもってご挨拶したところ、修験道の新しい展開に注目するよう助言をいただいた。その翌年の「山岳修験」第二号に田村先生は、「権現の誕生」を発表された。この論文では、権現を在俗山林修行者が山神を感得して祀り、それを仏教者が仏教で意味づけたものと説明され、朝鮮では山神と仏教の仏菩薩は併存しているとされ、比較研究の重要性を説かれている。私はこの年に開かれた第八回の高野山大会の時に、先生からご推輓をいただき総会の議を経て副会長に就任した。

第九回の英彦山大会に際しては、長野先生から事前に英彦山に挨拶がてら来て、自分と一緒に講演してほしいと依頼されて、英彦山を訪れた。その後長野先生が刊行された『英彦山修験道の歴史地理学的研究』のお祝いを森弘子先生が企画され、田村先生を中心に重松・長野先生などと会食した。その折、以前九州大学に集中講義に行ったとき、国史学研究室の修験道史料を拝見したと申したところ、あれは長沼先生が集められたものだと教えてくださった。また丁度知恩院の機関紙『知恩』に書いた「法然とキリスト教―絶対矛盾の自己同一」を差し上げた。これは法然の父の生家とされる私の母の実家の津山の立石家が、明治期にキリスト教となり、その後浄土宗に復帰したことを事例として、日本文化の継承の問題にふれたものである。田村先生はすでにこの経緯をご存知で、ご自身が七歳のとき知恩院で得度を受けたことや、終戦を慶応の日吉キャンパス内の地下壕内の海軍司令部でむかえられ、その後法然の教えを再検討したいと決心したと話されたことが、今も心に残っている。

先生は平成元年七月皇太子殿下が九州歴史資料館にご来館のときに、ご案内され、殿下と親しくお話しされた。そしてその後菅野弘夫東宮大夫を通して殿下に『山岳修験』の十周年記念号への随想のご寄稿を依頼され、ご承諾をいただかれた。また平成元年の聖護院大会では、ご自身が「古代日本の神仏関係」の演題で講演されるとともに、フランスの国立高等研究院のO・Hロータモンド教授の「疱瘡神と民間信仰―治病と山伏」と題した講演を実現された。そして翌年には熊野三山大会を成功に導かれた。この間、十周年記念号の編集に尽力され、平成三年六月に刊行された。この記念号の殿下の玉稿「修験の山を訪ねて」は大峰山の山上ヶ岳、弥山、八経ヶ岳を抖擻されたご体験を通して、歴史の山道探訪が大自然との触れ合いの喜びを感じさせることを、ご自身の写真も入れて記されたものである。なおこの記念号以降本学会では「山岳修験」を毎号東宮御所に納めていただいている。

田村先生はこの記念号巻頭の「山岳修験十周年記念号の刊行によせて」の中で、殿下のご寄稿への謝辞、学会十周年の回顧、本学会が山岳抖擻・登攀の実践者と修験の研究者からなる故、今後は「行」、「学」不可分の修験の本質と歴史を研究することが必要であること、近年韓国、イギリス、フランス、アメリカなどで著名な修験の研究者が現れていることを述べられている。また平成二十四年の「山岳修験」五十号記念号には「修験に導かれた山に縁のない男」との題の随想で、ご自身の成人式としての山上まいりとのぞきの行の体験、山を訪れることは大きな魅力と喜びを感じられる日本山学会名誉会長でもあられる皇太子殿下との出会いから学ばれたことを記されている。そして最後に「自分は山岳修験学会の会長を仰せつかり、修験に導かれた、しかし山に縁のない男であった」とその心情を吐露されている。

先生は、奥様の病気のこともあって、この記念号の刊行を機に会長の辞任の意向をもらされた。長野先生など慰留をお願いしたが、受け入れられず、この年九月の第十二回戸隠山大会の総会の決議により、私が会長となり、副会長の長野覺先生、事務局長の重松敏美先生と学会の運営に携わることになった。けれども先生はその後も折にふれてご助言をして、私たちを導いてくださった。

（三）

平成二十四年九月、私は大峰山での学術大会の報告を添えて、拙著『修験道―その伝播と定着』（法蔵館）を田村先生にお贈りした。それについて丁重なお礼状をいただいた。私信ではあるが、先生の最後のお気持ちをあらわしていると思われるので、そのまま掲載させていただくことにした。

「お彼岸も過ぎ、秋も深まって参りました。ご無沙汰しております。この度はご高著『修験道』をご恵与いただきました。私たち霊魂の原郷だったとされる山に深くつながる修験道について、教理、歴史、さらに生活にかかわる現状などを説明、詳述されました。私の郷里であります吉野・金峯山の修験につきまして多くのことを教えていただき有難うございました。中学生の時に兄につられて山上参りをいたしました。洞川で一泊し、翌朝のぞきの峰に上るのですが、洞川の宿の前に池があり、夏休みの時でしたか、その池に足だけつけますと冷たく、すぐあがったことを思い出します。私は学究を離れ、はじめに陸軍に応召、輜重兵でしたが、次に海軍に志願、そして敗戦となりますが、いずれも前線に行くことはなく、命長らえて今に至っております。しかし、友人は空で、海で、また南太平洋の島でなくなっております。

日本山岳修験学会では長く会長をおつとめいただき、その間会員は増加し、現在活動期を迎えております。有難く存じ上げております。会員ご一同様のご清祥のほど祈念いたしております。一筆御礼まで。」

この山を私たちの魂の原郷とされ、戦争によって命を落とした友人の魂のことも想って、修験に導かれ、その研究を推進し、日本山岳修験学会の創設、発展にご尽力して下さった田村圓澄先生のご冥福を心からお祈り申し上げます。(「山岳修験」第五二号より)

# 田村圓澄先生の人と業績

福岡大学名誉教授　小田富士雄

本年（二〇一三）年七月一〇日、田村圓澄先生は九十六歳の長寿を全うされた。一九九二年に九州歴史資料館を退職されてからは久しくお会いする機会がなかったが、お元気で文筆活動を続けておられる様子なども聞いていた。私が最近に講演会でご一緒したのは平成二一年一月三一日福岡県田川市での講演会「田川と香春の神々」であった。先生は宗教史の立場から香春神について、私は考古学の立場から古代香春の採銅についての話であった。共通するところは新羅系の神と技術である。当時の先生は九二歳でやや歩行に不自由な様子であったから、演壇の後方に椅子を用意し、若い職員を配していた。しかし先生は演壇を前にして立つと、会場に響きわたる声でよどみなく一時間におよぶ講演を終えられ、聴衆は完全に魅了されていた。私にはかつて教壇に立って熱心に講義されていたころの姿が去来した。

先生は一九一七年奈良県橿原市の生れで、九州帝国大学史学科卒業後、京都帝国大学大学院（旧制）に入学、五二年に修了。両大学での継続した思想史研修によって後年の基礎を固められたようである。そして一九五七年九州大学助教授として赴任されたころにはすでに法然研究で中堅研究者として一定の評価を得ていて、『法然』（人物叢書・吉川弘文館、一九五九年）、『法然上人伝の研究』（法蔵館、一九七二年）などにまとめられた。

九州大学では一転して日本仏教史の始まりから、精緻な独自の分析を加えた論攷を次々と発表されて、学会に新風を送りこんで注目を集めた。当時国史学科の大学院に在籍した私もその講筵に列したが、教壇の端から端まで歩行しながら学生達に話しかけるような熱心な口調の講義であった。壇上で講義録を読む単調な講義が一般的であった当時の風景のなかでは、際立った行動的講義であり、民衆に教義を説く求道僧のような風格が感じられた。その一〇年間の講義草稿はやがて『飛鳥仏教史研究』（塙書房、一九六九年）としてまとめられ、さらにこれに続く数年間の草稿は『飛鳥・白鳳仏教論』（雄山閣出版、一九七五年）として公刊された。なかでも後者では古代朝鮮仏教や神祇史との交渉への視点が示され、先生の関心が古代仏教の原点を求めて朝鮮半島の仏教や神仏習合などの研究に向かっていたことがうかがわれる。先生は一九七〇年に「日朝仏教交渉史の研究」で毎日学術奨励金を受け、翌年四月から韓国を訪ねるようになったのがその転機となった。以後韓国学会からも同学の知己を得て、次々とその成果を世に出した。

『新羅と飛鳥・白鳳の仏教文化』（洪淳昶共編）一九七五年、『百済文化と飛鳥文化』（黄寿永共編）一九七八年、『新羅と日本古代文化』（泰弘燮共編）一九八一年、『半跏思惟像の研究』（黄寿永共編）一九八五年（いずれも吉川弘文館発行）。

新しい研究成果を精力的に次々と公表されるとともに、文献史学だけでなく考古学・美術史・建築史・民俗学など学際的研究との交流へと拡大されていったことは先生の研究視野を も拡げてゆき、以後の先生の学風をも豊かにしていった。このような志向は、先生の生来貪欲なまでの新知識の吸収慾に根ざしていたことは確かであろう。私の考古学教室助手時代にも屡々自室に呼ばれて、北部九州の古代寺院跡や古瓦塼などについて問われることがあった。これらの成果を総括した一書『古代朝鮮仏教と日本仏教』（吉川弘文館、一九八〇年）の発刊は同年三月に九州大学定年退職の節目を画したものであった。さらにこれまでの論考を分類・修正した『日本仏教史』全五巻・別巻一巻（法蔵館、一九八三年）を公刊して現役時代の研究をまとめられた。見事な研究者として節目を全うされたことは敬服の至りである。

その後、一九八一年から九二年までは福岡県立九州歴史資料館長の任にあった。この間は同館の主要事業の一つであった大宰府史跡の調査にもかかわって、大宰府の成立さらにはその前後に位置する九州の主要テーマに関心を示して同館の研究論集に論攷を執筆し、講演・シンポジウム・山岳修験学会の設立など地域活動にも活動の場を拡げられた。すなわち、

「宗像沖ノ島祭祀の歴史的諸段階」（研究論集8、一九八二年）「磐井の乱の歴史的評価」（研究論集10、一九八五）、「大宰府の職掌の二元性」（研究論集17、一九九二）、編『古代を考える大宰府』（吉川弘文館、一九八七年）、『大宰府探究』（吉川弘文館、一九九〇年）、『筑紫と飛鳥』（六興出版、一九九〇年）、『筑紫の古代史』（学生社、一九九二年）などがあげられる。先生の視座は宗教史のみならず政治史・経済史・国際交流史などにまで及んでいった。私も弥生・古墳時代や古代などの講演会・シンポジウムなどでご一緒する機会が多かった。一方、はやくから先生が仏教史研究の方面で手がけられてきた国家的視点も晩年まで健在でった。すなわち、『古代日本の国家と仏教――東大寺創建の研究』（一九九九年）、『古代国家と仏教経典』（二〇〇二年）、『古代アジアの国家と仏教』（二〇〇二年）、『法華経と古代国家』（二〇〇五年）などが次々と発刊されていることからもうかがわれる（いずれも吉川弘文館発行）。

また、先生が学問を離れての対人関係でも、その対応は柔軟で、談論風発して人寄せも巧みであったから、周辺にはたえずファンが集まるような人徳もみられたし、またご自身も賑やかな雰囲気を好まれたようであった。その最晩年まで衆人に歓迎される存在であった。その学問研究では未踏の多くの業績をあげられ、衆人と接しては〝学に学ぶ〟心境に安住された人生の達人でもあった。その見事なご生涯に敬意を表するとともに冥福を祈る。

（二〇一三・一二・二〇稿了「九州史学」一六六号）

# 田村圓澄先生を偲ぶ

九州大学教授　佐伯弘次

二〇一三年七月十日、田村圓澄先生が九十六歳で亡くなった。二年前、御著書『夜明け前」の日本と朝鮮・中国』（梓書院）の出版祝賀会があり、立ったままで小一時間ご講演をされたので驚嘆したことを思い出した。

田村先生は、一九一七（大正六）年一月二日、奈良県高市郡八木町（現橿原市）のお生まれで、生家は浄土宗の寺院であった。一九三八（昭和十三）年四月、九州帝国大学法文学部に入学し、国史学を専攻された。長沼賢海・竹岡勝也両教授の指導を受け、一九四一年三月、同大学卒業。卒業論文は「徒然草の思想」であった。その後、法文学部副手・海軍航空隊教官等を経て、戦後、京都大学大学院に進学された。同じころ、ご結婚されたが、岳父は中国仏教史研究の泰斗・塚本善隆氏である。

一九五七年五月一日付けで九州大学文学部国史学第二講座助教授に就任され、日本古代史を担当された。当時の国史学講座の教官は、竹内理三・箭内健次両教授であった。一九六六年九月から翌六七年十月まで、「文学史学および宗教史学の研究」のため、文部省在外研究員としてアメリカ（カリフォルニア大学バークレー校）・イギリス（ロンドン大学）に滞在された。その後、新城常三・箭内健次両教授の転出と前後して、一九六八年七月十六日付けで教授に昇任された。一九八〇年四月一日付けで定年退官され、九州大学名誉教授の称号を授与された。定年退官後、熊本大学文学部教授、九州歴史資料館長、福岡県人権啓発センター館長などを歴任された。

九大には、戦後の復興が一段落した時期から、大学紛争の時代を経て、大学が落ち着きを取り戻した時期まで、二十三年の長きにわたって教官として勤務された。私は、一九七四年に九州大学文学部に入学し、七五年十月に国史学研究室に進学した。田村先生の講義・演習を受講した、末期の教え子の一人である。講義では、飛鳥仏教史を継続して講じられ、演習では、『日本書紀』持統紀、『日本霊異記』などを講読された。九大時代の授業については、「文学部における私の講義は、時代を追って下る筈であったが、いつの間にか古代朝鮮仏教に遡り、古代朝鮮仏教と日本仏教の関連で終わってしまった。当初予定していた、平安仏教から法然の浄土教に及ぶことはなかった」と総括されている（「私の歩んだ道」『古代文化』五五－一、二〇〇三年）。

先生は話し上手で、講義は人気があり、受講生も多かったと記憶している。『日本書紀』の演習の時、「学生時代の恩師・長沼賢海先生の『日本書紀』の演習では、事前に筆で原文を筆写しなければならず、大変だった」「学生時代、授業を休んだら、受講生が一人だったため、教授の指示で誰かが下宿まで呼びに来た」といった昔話をされたのを妙に覚えている。先生は回顧録の中で、「竹内理三教授の示唆もあり、九大在職中は、同じ内容の講義を二度とくりかえすまいと考えた」とお書きになっている。(「回顧七十年」『大宰府の春』六興出版、一九八七年)。文字通り、それを実践されたのだが、そのことは現在の私にとって大変大きなプレッシャーとなっている。

本九州史学研究会との関係は、『九州史学』創刊(一九五六年七月)の直後の九大着任であるから、創刊には関与されなかったが、一九六八年十月、箭内健次初代会長退任の後を受け、第二代会長に就任された。定年退職直前の一九七九年十月、会長の職を退き、第三代会長川添昭二先生に引き継がれた。『九州史学』には、着任直後の七号(一九五八年一月)に「日本仏教史の時代区分について」、十五号(一九六〇年三月)に「『大化改新』覚書」、四十四・四十五合併号(一九七一年三月)に「得度権について」、六十六号(一九七九年九月)に「漢訳仏教圏の仏教伝来」が掲載されている。私は大学院在学中、九州史学研究会の事務局に入っていたため、修士課程の時に田村会長時代を経験した。定期的に開かれる会議で、先生は、その時思いついたことをよく発言され、事務局の院生たちがとまどうことも多かった。会議の前に想定問答のような準備会をしたこともあったと記憶している。

先生のご研究は、浄土宗－法然伝の研究から、古代仏教史研究へと展開し、仏教伝来、飛鳥・白鳳仏教、日本仏教と百済・新羅仏教の関係等々、多岐にわたっている。つねに仏教史研究の第一線におられ、晩年まで飽くなき研究生活を続けられた。先生の位記を九州大学から申請するにあたり、先生の研究業績を整理し、膨大な著作に改めて驚嘆した次第である。

末尾ながら先生のご冥福をお祈り申し上げます。

（「九州史学」一六六号）

# 田村圓澄著書・編書一覧、略歴

## 著書

『歴史と宗教』一九四六年、永田文昌堂
『日本思想史の諸問題』一九四八年、永田文昌堂
『浄土思想の諸問題』一九四八年、永田文昌堂
『法然上人伝の研究』一九五六年、法蔵館
『日本仏教思想史研究・浄土教篇』一九五九年、平楽寺書店
『法然』一九五九年、吉川弘文館
『聖徳太子』一九六四年、中央公論社
『藤原鎌足』一九六六年、塙書房
『飛鳥仏教史研究』一九六九年、塙書房
『法然上人伝の研究（新訂版）』一九七二年、法蔵館
『西と東』一九七四年、永田文昌堂
『飛鳥・白鳳仏教論』一九七五年、雄山閣
『空海』一九七八年、平凡社
『古代朝鮮仏教と日本仏教』一九八〇年、吉川弘文館
『法然とその時代』一九八二年、法蔵館
『日本仏教史１　飛鳥時代』法蔵館、一九八二年
『日本仏教史２　奈良・平安時代』法蔵館、一九八三年
『日本仏教史３　鎌倉時代』一九八三年、法蔵館

『日本仏教史4　百済・新羅』一九八三年、法蔵館
『日本仏教史5　浄土思想』一九八三年、法蔵館
『日本仏教史　別巻法然上人伝』一九八三年、法蔵館
『半跏像の道』一九八三年、学生社
「仏教史散策』一九八四年、山喜房仏書林
『古代朝鮮と日本仏教』一九八五年、講談社
『仏教伝来と古代日本』一九八六年、講談社
『大宰府の春―回顧七十年』一九八七年、六興出版
『大宰府探求』一九九〇年、吉川弘文館
『筑紫と飛鳥―古代日本史を見る眼』一九九〇年、六興出版
『仏教史周辺』一九九〇年、山喜房仏書林
『筑紫の古代史』一九九二年、学生社
『飛鳥・白鳳仏教史　上下』一九九四年、吉川弘文館
『仏教史散歩』一九九四年、山喜房仏書林
『伊勢神宮の成立』一九九六年、吉川弘文館
『図説・日本仏教の歴史・飛鳥・奈良時代』一九九六年、佼成出版社
『古代日本の国家と仏教―東大寺創建の研究』一九九九年、吉川弘文館
『古代国家と仏教経典』二〇〇二年、吉川弘文館
『古代東アジアの国家と仏教』二〇〇二年、吉川弘文館
『法華経と古代国家』二〇〇五年、吉川弘文館

『東アジアのなかの日本古代史』二〇〇六年、吉川弘文館
『伊勢神宮の成立（復刊）』二〇〇九年、吉川弘文館
『飛鳥時代　倭から日本へ』二〇一〇年、吉川弘文館
『飛鳥・白鳳仏教史（復刊）』二〇一〇年、吉川弘文館
『「夜明け前」の日本と朝鮮・中国』二〇一一年、梓書院
田村圓澄先生古稀記念会編『東アジアと日本』一九八七年、吉川弘文館（歴史編、宗教・文学編、考古・美術編（全三冊）

**韓国語での出版**

魯成煥訳『韓日古代仏教関係史』一九八五年、韓国・ソウル・学文社
金禧庚訳『韓国との出会い』一九九五年、韓国・ソウル・民族社
韓日古代文化交渉史研究（洪淳昶氏と共編）

**編書**

『飛鳥古京　日本歴史2』一九七五年、研秀出版
『古代を考える　大宰府』一九八七年、吉川弘文館

**共編著・監修**

『古代の日本』（鏡山猛氏と共編）一九七〇年、角川書店
『日本思想史の基礎知識』（黒田俊雄氏らと共編）、一九七四年、有斐閣

『新羅と飛鳥・白凰の仏教史』（洪淳昶氏と共編）一九七五年、吉川弘文館
『日本仏教のこころ』（田村芳郎氏と共編）一九七七年、有斐閣
『百済文化と飛鳥文化』（黄寿永氏と共編）一九七八年、吉川弘文館
『新羅と日本古代文化』（秦弘爕氏と共編）一九八一年、吉川弘文館
『美の秘密　二つの弥勒菩薩像』（上原和氏らと共編）一九八二年、日本放送出版会
『福岡県百科事典』（共編）一九八二年、西日本新聞社
『仏教思想史５』（田村芳朗氏と共編）一九八三年、平楽寺書店
『大分の古代美術』（賀川光夫氏らと監修）一九八三年、大分放送
『古代最大の内戦・磐井の乱』（小田富士雄氏らと監修）一九八五年、大和書房
『半跏思惟像の研究』（黄寿永氏と共編）一九八五年、吉川弘文館
『聖徳太子と飛鳥仏教』（川岸宏教氏と共編）一九八五年、吉川弘文館
「大分市史」（共編）一九八七年、大分市
『韓国と日本の仏教文化』（鎌田茂雄氏と共編）一九八九年、学生社
『ＮＨＫ　こころをよむ』（上原和氏と共編）一九八九年、日本放送出版協会
『古代海人の謎』宗像シンポジウム（荒木弘之と共編）、一九九一年、海鳥社
『須玖岡本遺跡』（小田富士雄氏と共同監修）、九九一九九四年、吉川弘文館
『磐井の乱』（増補改訂版）（小田富士雄氏らと共編）一九九八年、大和書房
『宗像市史』資料編四巻・通史編、四巻（監修）、一九九九年、宗像市
『福間町市』資料編四巻・自然編一巻、通史編一巻、二〇〇〇年、福津市（福間町）
『宇佐八幡と古代神鏡の謎』（木村晴彦氏らと共著）、二〇〇四年、戒光祥出版

# 田村圓澄（たむら・えんちょう）略歴

一九一七（大正六）年　奈良県橿原市に生まれる。父・田村澄善は浄土宗国分寺住職。

一九三四（昭和九）年　仏教専門学校（現・仏教大学）に入学（一九三七年に卒業）

一九四一（昭和十六）年　九州帝国大学法文学部国史学科卒業、同副手。

一九四二（昭和十七）年　同大学退官、土浦海軍航空隊教授嘱託として海軍少尉任官。終戦時は軍司令部勤務。海軍大尉。

一九四六（昭和二十一）年　結婚。京都の妙泉寺住職、堀川中学校教諭、京都大学大学院文学研究科入学。

一九四八（昭和二十三）年　同修士課程修了。

一九五〇（昭和二十五）年　同博士後期課程単位取得満期退学、仏教文化研究所設立に伴い参加。

一九五七（昭和三十二）年　九州大学助教授。

一九六六（昭和四十一）年　―一九六七年（昭和四十二年）文部省長期在外研究員として、アメリカ合衆国のカリフォルニア大学バークレー校、翌年五月、イギリス・ロンドン大学へ研究滞在。

一九六八（昭和四十三）年　文学博士（九州大学、学位論文『法然上人伝の研究』）、同大学教授。

一九七〇（昭和四十五）年　「日朝仏教交渉史の研究」で毎日学術奨励金を受ける。翌年から韓国を訪ねるようになり、韓国の学者との共同研究が進む。

一九七六（昭和五十一）年　『飛鳥・白鳳仏教論』の出版に対し浄土宗学術奨励賞を受く。

一九七七（昭和五十二）年　「古代朝鮮・日本仏教交渉史の研究」に対し、朝日学術奨励金が交付される。

一九八〇（昭和五十五）年　九州大学定年退官、九州大学名誉教授。熊本大学教授。

一九八一（昭和五十六）年　九州歴史資料館長、一九九二年まで。

一九八二（昭和五十七）年　熊本大学退官。

一九八三（昭和五十八）年　「九州古代史、日韓交渉史の研究と文化遺産保護の功績」により西日本文化賞受賞。

一九九一（平成三）年春　勲三等旭日中綬章受勲。

二〇〇二（平成十四）年　仏教伝道文化賞受賞。

二〇一三（平成二十五）年七月十日　肺水腫のため死去。享年九十七。従四位を受ける。

# あとがき

父が亡くなって、早一年半が過ぎました。

父の最後の念願でありました「色定法師」刊行の運びとなり、感謝の念に堪えません。

父は昨年平成二十五年七月十日、九十六歳にて天寿を全ういたしました。

多くの方に愛され支えられ、好きな研究に没頭し、充実した人生を送れましたこと、本人も幸せに思っていることと思います。

亡くなる間際に言葉を発することは出来なくなりましたが、以前からの念願であった「色定法師」の出版の事を私が約束すると、目で大きくうなずきました。

五月末、父の最後の白鳳会での講義が終った後で「博、『色定法師』は必ず出版するよ！」と私に申していたのです。

父との約束はもう一つ、昭和九年から毎日書き続けていた日記を九州大学に保存してもらうこと、これはすでに九州大学文書館、及び史学部に保管していただいております。

父は歴史家として、「歴史は真実を伝えなければいけない。私は、これからどうするとかの前向きの事ではなく後ろを向いて昔はどうであったのかという事を研究している、真実を伝えるのが歴史家の使命だ。」と言っておりました。

そして亡くなる直前まで、勤勉で一心不乱に勉強しておりました。

また、専門の仏教史研究者の立場から、世界を見つめ、実際、世界中を歩き回り、常に広い視野で物事を考えようとしておりました。

父の遺稿を改めて読んでみますと、真からの平和主義者であったということを思わされます。父は幼い子供が大好きでした。父が最後に残したかったものは子供たちへのメッセージでした。「次の本の題は『子供たちへ』にするつもり」とも言っておりました。

「色定法師」は、父が長年温めたきた研究で、また、最後となりました講演のテーマでもあります。この研究のために何度も足を運び歳月をかけたと聞いております。父の念願が叶い、私も約束を果たすことが出来、安堵とお礼の気持ちでいっぱいです。

「色定法師と源平の争乱」は、出版を期して書き上げていた原稿です。

附録1「色定法師と一人一筆の『一切経』」は、父が九州歴史資料館長時代に書いたものです。九州大学に勤めて間もない時期から、父は色定法師の研究を始めたと聞きました。

また附録2「色定法師と平清盛」は二〇一二年五月十五日に在家仏教協会福岡講演会での講演をもとに、加筆修正したもので、「在家仏教」（二〇一二年十一月号）に収録され、父の文章が活字になった最後のものです。在家仏教協会のご好意で併せて収録しました。

刊行に当たっては多くの方にご協力をいただきました。

父のために追悼文をお寄せ下さった九州大学名誉教授川添昭二先生、慶應義塾大学名誉教授宮家準先生、福岡大学名誉教授小田富士雄先生、九州大学教授佐伯弘次先生、また序文をお寄せ下さった西日本新聞社社長川崎隆生様に心よりお礼申し上げます。

また原稿の編集に携わってくださった福岡県文化財保護審議会委員森弘子先生、出版にあたり多大なる御尽力をいただいた海鳥社の西俊明社長に心より感謝申し上げます。

平成二十七年一月

田村　博

追悼　遺稿集
色定法師と源平の争乱
■
2015年2月16日　第1刷発行
■
著者　田村圓澄
編者　田村　博
発行者　西　俊明
発行所　有限会社海鳥社
〒812-0023　福岡市博多区奈良屋町13番4号
電話092(272)0120　FAX092(272)0121
印刷・製本　大村印刷株式会社
ISBN978-4-87415-930-9
http://www.kaichosha-f.co.jp